WOLFGANG SCHWARTZ

Das gemeinsame Gebet für die Verstorbenen

WOLFGANG SCHWARTZ

Das gemeinsame Gebet für die Verstorbenen

Impulse und Modelle für das Totengebet

HERDER

FREIBURG · BASEL · WIEN

www.herder.de

Umschlaggestaltung: Finken & Bumiller

Herstellung:
fgb · freiburger graphische betriebe
www.fgb.de

Gedruckt auf umweltfreundlichem,
chlorfrei gebleichtem Papier
ISBN-13: 978-3-451-29178-4
ISBN-10: 3-451-29178-9

INHALT

Abkürzungen

A Alle

GL Katholisches Gebet- und Gesangbuch »Gotteslob«

K Kantor/-in und/oder Schola

L Lektor/-in

Ps Psalm

V Gottesdienstbeauftragte/-beauftragter bzw. Vorbeter/-in

EINFÜHRUNG

Es ist ein weit zurückreichender Brauch, wonach sich nicht nur die Angehörigen und Freunde einer Verstorbenen/eines Verstorbenen, sondern die ganze Gemeinde in den Tagen zwischen Tod und Begräbnis zur Totenwache versammeln (vgl. hierzu auch die Ausführungen im Gotteslob Nr. 80). Weithin werden bei diesem Totengebet der Rosenkranz oder Andachtsteile aus dem Gotteslob gebetet. Die hier vorgelegten Gottesdienstentwürfe wollen mithelfen, dieses gemeindliche Beten vielfältiger zu gestalten, zumal sie von Laien bzw. Gottesdienstbeauftragten geleitet werden können.

Auch da, wo das Begräbnis von Gottesdienstbeauftragten vollzogen und mit einer Wort-Gottes-Feier in der Kirche verbunden wird, können die folgenden Gottesdienstentwürfe Hilfe für die Gestaltung sein.

Alle Modelle folgen dem Grundschema, wie es das Werkbuch für Wort-Gottes-Feiern vorgibt:
Eröffnung: Musik oder Gesang/Begrüßung/Gebet
Verkündigung des Wortes Gottes: Lesung(en) und Besinnung
Antwort der Gemeinde: Gebet oder Gesang/Zeichenhandlung/Gebet/Fürbitten/Vaterunser
Abschluss: Segensbitte/Musik oder Gesang

Weil ein Totengebet ganz entscheidend geprägt wird durch den konkreten Todesfall, ist es notwendig, in Schriftlesung, Gebet und Gesang auf die jeweilige Situation einzugehen. Hierfür werden zusätzliche Bausteine als Austausch- und Ergänzungsmöglichkeit angeboten. Immer sollte das Totengebet Raum geben für Trauer und Schmerz, und immer sollte der Trost der Verheißung Gottes im Mittelpunkt stehen. Eben hierfür ist die brennende Osterkerze ein wichtiges Zeichen. Sie sollte ganz bewusst vor der versammelten Gemeinde entzündet werden.

Ein besonders sinnenfälliges Zeichen ist hierfür das Lucernar. Diese Lichtdanksagung lässt sich in jede Vorlage einfügen, auch wenn dies bei den folgenden Modellen nicht eigens erwähnt und nur beim Abendlob durchgeführt ist. Wo ein Lucernar eingefügt wird, sollte diese Lichtdanksagung das Totengebet eröffnen und zur Verkündigung des Wortes Gottes überleiten.

Eine weitere ausdrucksstarke Zeichenhandlung ist der Weihrauchritus, der sinnvollerweise nach der Verkündigung des Wortes Gottes im Rahmen der Antwort der Gemeinde eingereiht werden sollte. Die vorliegende Handreichung bietet eine eigenständige und eine in das Fürbittgebet integrierte Form an.

Immer häufiger wird bei Trauerfeierlichkeiten ein Bild der Verstorbenen/des Verstorbenen aufgestellt. Auch hierfür macht diese Handreichung Vorschläge für eine liturgiegemäße Gestaltung.

Natürlich muss bei der Liedauswahl darauf geachtet werden, welche Lieder und Gesänge denen bekannt sind, die zum Totengebet zusammenkommen. Trotzdem sollte bei der Auswahl dessen, was gesungen werden soll, die Text- und Glaubensaussage der Lieder und Gesänge erste Priorität haben. Solche, die ihres Textes wegen besonders geeignet, der Gemeinde aber wenig oder gar nicht bekannt sind, können durchaus auch von einer Vorsängerin/einem Vorsänger oder einer Schola solistisch vorgetragen werden. Gerade beim Totengebet ist dies eine sinnvolle und ergänzende Alternative zum gemeinsamen Gesang. Bei den vorgesehenen Wechselgesängen kann aufgrund der leicht eingängigen Melodien davon ausgegangen werden, dass unbekannte Kehrverse schon bei der zweiten oder dritten Wiederholung von den Anwesenden mitgesungen werden, dies umso mehr, wenn eine Sängergruppe anwesend ist, die den Gesang führen kann.

Dies gilt in gleicher Weise für das Psalmengebet. Grundsätzlich ist der gesungene Psalm dem gesprochenen vorzuziehen. Längst ist es üblich, jeweils nach zwei vorgesungenen Psalmversen den immer gleich bleibenden Kehrvers durch die Gemeinde folgen zu lassen. Die ausdrucksstärkere Form freilich sind die von zwei Gruppierungen abwechselnd gesungenen Psalmverse. Dies kann die Vorsängergruppe im Wechsel mit der Gemeinde sein oder auch der Wechselgesang zwischen linker und rechter Bankseite. Schon wenige geübte Sänger/-innen, die sich in beide Gruppierungen einreihen, ermöglichen diese Form des Psalmengesangs. Nach wenigen Versen werden auch Ungeübte mitsingen können. Nur da, wo keine der genannten Möglichkeiten praktikabel ist, sollten die Psalmen gebetet werden. Dies ist in jedem Fall eine bessere Lösung, als die Psalmen durch Lieder zu ersetzen.

Für ausgebildete Kirchenmusiker/-innen ist es ein Leichtes, die vorgesehene »meditative Musik« mit entsprechend ausgewählter Literatur oder situationsgerechter Improvisation zu gestalten. Doch auch für weniger geübte Organistinnen und Organisten gibt es einfache Möglichkeiten, die der Situation gerecht werden. So ist es z. B. möglich, einen passenden Kirchenliedsatz mit zurückhaltender Registrierung und in bewusst langsam gewähltem Tempo zu spielen. Als Variante davon lässt sich jeder Liedsatz im Orgelbuch als Trio gestalten, indem die rechte Hand (ggf. mit etwas hervorgehobener Registrierung auf einem zweiten Manual) nur die Melodie des Liedes übernimmt, die linke Hand und die Füße mit leiserer Registrierung ihre Stimme spielen; die Alt-Stimme würde hierbei entfallen. Eine noch einfachere, aber ebenso brauchbare Alternative ist das zweistimmige Spiel mit Melodiestimme in der rechten und Bassstimme in der linken Hand.

Wo kein Organist/keine Organistin zur Verfügung steht oder aus anderen Gründen auf reproduzierte Musik zurückgegriffen wird, sollte bei der Auswahl sehr genau darauf geachtet werden, dass die gewählten Musikstücke aufgrund ihrer Bekanntheit und der damit verbundenen Assoziation nicht die Gedanken der Teilnehmenden vom gemeinsamen Tun wegführen. Unabdingbar ist es, dass die technischen Geräte für die Reproduktion nicht im Blickfeld der Gemeinde und darüber hinaus so aufgebaut sind, dass ihre Bedienung in keiner Weise den Ablauf der Liturgie stört.

Die hinter jedem Gottesdienstmodell angefügten Vorlagen für ein Gemeindeblatt wollen die Erstellung eines solchen Handzettels erleichtern. Zusammen mit dem Gotteslob soll er den Teilnehmenden eine würdevolle Mitfeier ermöglichen. Die Seiten lassen sich mit Hilfe der CD-ROM problemlos ausdrucken bzw. über »Word« noch modifizieren. Die erste Seite sollte ein dem Anlass entsprechendes Bild zeigen.

Mögen die folgenden Gottesdienstvorlagen mithelfen, das Totengebet in den Gemeinden würdevoll zu gestalten, als Fürbitte für die Verstorbene/den Verstorbenen und als Kraft und Trost für die Angehörigen.

Wolfgang Schwartz

Das gemeinsame Gebet für ein verstorbenes Kind

ERÖFFNUNG

Musik

Getragene, ernste (Hintergrund-)Musik wird der Betroffenheit angesichts des Todes eines Kindes sicher am meisten gerecht. Wenn überhaupt, dann wird das gemeinsame Beten erst Gesang ermöglichen.

V: Beginnen wir diesen Gottesdienst im Namen des Vaters und des Sohnes und des Heiligen Geistes.
A: Amen.

Begrüßung

Wenn der Tod einem Menschen das Leben nimmt, dann ist dies jedes Mal ein leidvolles Geschehen, das uns in dem Maße stumm werden lässt, wie die Verstorbene/der Verstorbene uns ans Herz gewachsen ist. Wenn ein Kind stirbt, dann ist die Betroffenheit noch viel größer. Übergeben wir jetzt Gott im gemeinsamen Beten unsere Trauer und unser Leid. Möge uns die Botschaft aufrichten, dass er auch und gerade jetzt dieses Kind in seinen Händen geborgen hält. So wollen wir beten:

V: Unsere Hilfe ist im Namen des Herrn,
A: der Himmel und Erde erschaffen hat.
V: Herr, erhöre mein Gebet
A: und lass mein Rufen zu dir kommen.
V: Ehre sei dem Vater und dem Sohn und dem Heiligen Geist,

A: wie im Anfang, so auch jetzt und alle Zeit und in Ewigkeit.
Amen.

Gebet

(1) bei Krankheit u. Ä.:

V: Lasst uns beten!

– Stille –

Gütiger Vater,
wir sind voll Trauer, weil N.,
die/der uns so lieb war, nicht mehr bei uns ist.
Mit unserem Beten wollen wir N. dir übergeben,
auf dass nichts verloren gehe von dem,
was sie/er uns bedeutet hat.
Weil wir glauben, dass uns nichts,
auch nicht der Tod von deiner Liebe scheiden kann,
bitten wir dich: nimm N. auf in deine Herrlichkeit
und schenke ihr/ihm die Vollendung
ihres/seines (kurzen) Lebens
in der Lebensfülle bei dir.
Darum bitten wir durch Christus, unseren Herrn.

A: Amen.

(2) bei plötzlichem Tod:

V: Lasst uns beten!

– Stille –

Herr, unser Gott,
mit Bestürzung und Trauer stehen wir vor dir,
weil das Leben von N. so früh hat enden müssen.
Du kennst unsere Hilflosigkeit und Ohnmacht,
deshalb bitten wir dich:

Bleibe bei uns in der Verzweiflung,
halte uns in unsrer Trostlosigkeit und unserem Schmerz.
Vollende du das (kurze) Leben von N. in der Lebensfülle bei dir.
Darum bitten wir durch Christus, unseren Herrn.
A: Amen.

VERKÜNDIGUNG DES WORTES GOTTES

Lesung (1 Kor 13,9–10.12–13)
Wenn Krankheit, Leid und Tod in unser Leben treten, spüren wir besonders deutlich, wie wenig wir sagen können über Gottes Schöpfungsplan. Paulus bestärkt uns im Glauben, dass wir alles erkennen und verstehen werden, dann, wenn Gott alles vollenden wird.

L: Lesung aus dem ersten Korintherbrief:

Stückwerk ist unser Erkennen,
Stückwerk unser prophetisches Reden;
wenn aber das Vollendete kommt,
vergeht alles Stückwerk.
Jetzt schauen wir in einen Spiegel
und sehen nur rätselhafte Umrisse,
dann aber schauen wir von Angesicht zu Angesicht.
Jetzt erkenne ich unvollkommen,
dann aber werde ich durch und durch erkennen,
so wie ich auch durch und durch erkannt worden bin.
Für jetzt bleiben Glaube, Hoffnung, Liebe, diese drei;
doch am größten unter ihnen ist die Liebe.
– Stille –

(1) bei Krankheit u. Ä.:

Psalmgebet (Ps 119,41.49.50.76.81.82.107.116.117.123.153.170, Kehrvers: GL 733,1)

Wo es möglich ist, sollte der Psalm im Verswechsel oder mit wiederkehrendem Kehrvers abwechselnd zwischen Vorsänger/-in und Gemeinde gesungen werden. Für die Psalmverse eignet sich der VI. Ton (vgl. hierzu GL 733,2).

K: Gott, bleib nicht fern von mir; eile mir zu helfen.
A: Gott, bleib nicht fern von mir; eile mir zu helfen.

K: Herr, deine Huld komme auf mich herab *
und deine Hilfe, wie du es verheißen hast.

A: Denk an das Wort für deinen Knecht, *
durch das du mir Hoffnung gabst.

K: Das ist mein Trost im Elend: *
Deine Verheißung spendet mir Leben.

A: Tröste mich in deiner Huld, *
wie du es deinem Knecht verheißen hast.

K: Nach deiner Hilfe sehnt sich meine Seele; *
ich warte auf dein Wort.

A: Meine Augen sehnen sich nach deiner Verheißung, *
sie fragen: Wann wirst du mich trösten?

K: Herr, ganz tief bin ich gebeugt. *
Durch dein Wort belebe mich!

A: Stütze mich, damit ich lebe, wie du es verheißen hast. *
Lass mich in meiner Hoffnung nicht scheitern!

K: Gib mir Halt, dann finde ich Rettung; *
immer will ich auf deine Gesetze schauen.

A: Meine Augen sehnen sich nach deiner Hilfe, *
nach deiner gerechten Verheißung.

K: Sieh mein Elend an und rette mich; *
denn ich habe deine Weisung nicht vergessen.

A: Mein Flehen komme vor dein Angesicht. *
Reiß mich heraus getreu deiner Verheißung!

K: Ehre sei dem Vater und dem Sohn *
und dem Heiligen Geist,

A: wie im Anfang, so auch jetzt und alle Zeit *
und in Ewigkeit. Amen.

A: Gott, bleib nicht fern von mir; eile mir zu helfen.

(2) bei plötzlichem Tod:

Psalmgebet (Klgl 3,24.25.41.49.50.55-57.59, Kehrvers: GL 712,1)

Wo es möglich ist, sollte der Psalm im Verswechsel oder mit wiederkehrendem Kehrvers abwechselnd zwischen Vorsänger/-in und Gemeinde gesungen werden. Für die Psalmverse eignet sich der VI. Ton (vgl. hierzu GL 712,2).

K: Du führst mich hinaus ins Weite;
du machst meine Finsternis hell.

A: Du führst mich hinaus ins Weite;
du machst meine Finsternis hell.

K: Mein Anteil ist der Herr, sagt meine Seele, *
darum warte ich auf ihn.

A: Gut ist der Herr zu dem, der auf ihn hofft, *
zur Seele, die ihn sucht.

K: Erheben wir Herz und Hand *
zu Gott im Himmel.

A: Mein Auge ergießt sich und ruht nicht; *
es hört nicht auf, bis der Herr vom Himmel her sieht
und schaut.

K: Da rief ich deinen Namen, *
Herr, tief unten aus der Grube.

A: Du hörst meine Stimme. *
Verschließ nicht dein Ohr vor meinem Seufzen,
meinem Schreien!

K: Du warst nahe am Tag, da ich dich rief; *
du sagtest: Fürchte dich nicht!

A: Du, Herr, hast meine Bedrückung gesehen, *
hast mir Recht verschafft.

K: Ehre sei dem Vater und dem Sohn *
und dem Heiligen Geist,

A: wie im Anfang, so auch jetzt und alle Zeit *
und in Ewigkeit. Amen.

A: Du führst mich hinaus ins Weite;
du machst meine Finsternis hell.

Lied

Auf dich allein ich baue (GL 293,1–3)

Fürbitten

V: Das Wort der Schrift bekräftigt unsere Hoffnung.
So wenden wir uns voll Vertrauen an unseren Herrn
Jesus Christus.

V: Beten wir für unsere/unseren N.:
vollende du dieses junge Leben bei dir.
Christus, höre uns.
A: Christus, erhöre uns.

V: Beten wir für die Familie, für die Angehörigen,
(für die Freunde von N.)
und für alle, denen dieser Tod sehr nahe geht:
dass sie Menschen finden, die ihren Schmerz mittragen.
Christus, höre uns.
A: Christus, erhöre uns.

V: Beten wir für alle Toten, mit denen wir über den Tod hinaus
verbunden bleiben:
Nimm sie auf in dein Reich.
Christus, höre uns.
A: Christus, erhöre uns.

V: Beten wir auch für alle, die in diesen Tagen sterben müssen: dass sie dich als den wiederkommenden Herrn erkennen dürfen.
Christus, höre uns.
A: Christus, erhöre uns.

V: Herr Jesus Christus, du bist unser Retter und Erlöser. Nimm N. auf in dein Reich *(bei getauften Kindern: und vollende, was du in der Taufe begonnen hast).* Darum bitten wir durch denselben Christus, unsern Herrn.
A: Amen.

ABSCHLUSS

Lied

Denn dies hat Gott uns zugesagt (GL 291,3)

Segensbitte

V: Gott, der Herr, segne uns.
Er gebe uns den festen Glauben,
dass nicht der Tod, sondern das Leben das letzte Wort zu sprechen hat,
dass er den Seinen Leben verheißen hat,
Leben auf ewig und Leben in Fülle.
So segne uns Gott, der Schöpfer und Erhalter des Lebens,
der Vater, der Sohn und der Heilige Geist.
A: Amen.

Meditative Musik

ist einerseits ein Abschluss der Wort-Gottes-Feier, ermöglicht aber andererseits ein weiteres Verweilen zum persönlichen Beten.

GEMEINDEBLATT

Eröffnung

V: Unsere Hilfe ist im Namen des Herrn,
A: der Himmel und Erde erschaffen hat.
V: Herr, erhöre mein Gebet
A: und lass mein Rufen zu dir kommen.
V: Ehre sei dem Vater und dem Sohn und dem Heiligen Geist,
A: wie im Anfang, so auch jetzt und allezeit und in Ewigkeit. Amen.

Gebet

VERKÜNDIGUNG DES WORTES GOTTES

ANTWORT DER GEMEINDE

(1) Psalmgebet

(Ps 119,41.49.50.76.81.82.107.116.117.123.153.170, Kehrvers: GL 733,1)

K: Gott, bleib nicht fern von mir; eile mir zu helfen.
A: Gott, bleib nicht fern von mir; eile mir zu helfen.

K: Herr, deine Huld komme auf mich herab *
und deine Hilfe, wie du es verheißen hast.

A: Denk an das Wort für deinen Knecht, *
durch das du mir Hoffnung gabst.

K: Das ist mein Trost im Elend: *
Deine Verheißung spendet mir Leben.

A: Tröste mich in deiner Huld, *
wie du es deinem Knecht verheißen hast.

K: Nach deiner Hilfe sehnt sich meine Seele; *
ich warte auf dein Wort.

A: Meine Augen sehnen sich nach deiner Verheißung, *
sie fragen: Wann wirst du mich trösten?

K: Herr, ganz tief bin ich gebeugt. *
Durch dein Wort belebe mich!

A: Stütze mich, damit ich lebe, wie du es verheißen hast. *
Lass mich in meiner Hoffnung nicht scheitern!

K: Gib mir Halt, dann finde ich Rettung; *
immer will ich auf deine Gesetze schauen.

A: Meine Augen sehnen sich nach deiner Hilfe, *
nach deiner gerechten Verheißung.

K: Sieh mein Elend an und rette mich; *
denn ich habe deine Weisung nicht vergessen.

A: Mein Flehen komme vor dein Angesicht. *
Reiß mich heraus getreu deiner Verheißung!

K: Ehre sei dem Vater und dem Sohn *
und dem Heiligen Geist,
A: wie im Anfang, so auch jetzt und alle Zeit *
und in Ewigkeit. Amen.

A: Gott, bleib nicht fern von mir; eile mir zu helfen.

(2) Psalmgebet (Klgl 3,24.25.41.49.50.55–57.59, Kehrvers: GL 712,1)

K: Du führst mich hinaus ins Weite;
du machst meine Finsternis hell.

A: Du führst mich hinaus ins Weite;
du machst meine Finsternis hell.

K: Mein Anteil ist der Herr, sagt meine Seele, *
darum warte ich auf ihn.

A: Gut ist der Herr zu dem, der auf ihn hofft, *
zur Seele, die ihn sucht.

K: Erheben wir Herz und Hand *
zu Gott im Himmel.

A: Mein Auge ergießt sich und ruht nicht; *
es hört nicht auf, bis der Herr vom Himmel her sieht und schaut.

K: Da rief ich deinen Namen, *
Herr, tief unten aus der Grube.

A: Du hörst meine Stimme. *
Verschließ nicht dein Ohr vor meinem Seufzen,
meinem Schreien!

K: Du warst nahe am Tag, da ich dich rief; *
du sagtest: Fürchte dich nicht!

A: Du, Herr, hast meine Bedrückung gesehen, *
hast mir Recht verschafft.

K: Ehre sei dem Vater und dem Sohn *
und dem Heiligen Geist,

A: wie im Anfang, so auch jetzt und alle Zeit *
und in Ewigkeit. Amen.

Lied

Auf dich allein ich baue (GL 293,1–3)

Fürbitten

Die Gebetsbitte lautet:

V: Christus, höre uns.

A: Christus, erhöre uns.

ABSCHLUSS

Lied

Denn dies hat Gott uns zugesagt (GL 291,3)

Segensbitte

Das gemeinsame Gebet für eine junge Verstorbene/ einen jungen Verstorbenen

ERÖFFNUNG

Im Altarraum ist nur die Osterkerze angezündet. Kerzen oder Teelichter liegen zum Entzünden bereit, eine Möglichkeit zum Aufstellen dieser Lichter ist vorbereitet.

Musik oder Gesang
Lied: Wir sind mitten im Leben (GL 655)

V: Beginnen wir diesen Gottesdienst im Namen des Vaters und des Sohnes und des Heiligen Geistes.
A: Amen.

Begrüßung
Der Tod von NN. hat uns hier zusammengeführt. Wenn ein junger Mensch stirbt, dann sind unsere üblichen Vorstellungen von einem langen, glücklichen Leben in Frage gestellt. Warum ist das passiert? Welchen Sinn hat dieser Tod? Wie sieht das Leben ohne NN. aus?

Wir wollen unsere Fragen und unsere Trauer vor Gott bringen. Wir hoffen, dass NN. bei ihm geborgen ist. Und wir bitten Gott, dass er bei uns ist in diesen schweren Stunden.

Gebet
V: So wollen wir beten!
– Stille –

Du unfassbarer Gott!
Wir beklagen den Tod von NN.
Wir wissen zwar, dass wir sterben müssen,
aber wir verdrängen die Gedanken an den Tod.
Nur du kannst uns einen Ausweg aus dem Dunkel
unserer Fragen zeigen.
Weil du Jesus von den Toten auferweckt hast,
glauben wir, dass das Leben stärker ist als der Tod.
Und darum empfehlen wir dir unsere Verstorbene/
unseren Verstorbenen.
Vollende du, was in diesem jungen Leben unvollendet
geblieben ist,
und sei denen nahe, in deren Leben der Tod so rücksichtslos
eingegriffen hat.
Dies erbitten wir durch Jesus Christus, unseren Herrn.
A: Amen.

VERKÜNDIGUNG DES WORTES GOTTES

1. Lesung (Ijob 17,11–16)
Ein Buch des Alten Testaments erzählt von Ijob, einem gerechten und frommen Mann, dem nicht nur Hab und Gut, sondern seine ganze Familie weggenommen wurde. Die folgenden Schriftverse spiegeln seine übergroße Verzweiflung.

L: Lesung aus dem Buch Ijob:

Dahin sind meine Tage,
zunichte meine Pläne, meine Herzenswünsche.
Sie machen mir die Nacht zum Tag,
das Licht nähert sich dem Dunkel.

Ich habe keine Hoffnung.
Die Unterwelt wird mein Haus,
in der Finsternis breite ich mein Lager aus.
Zur Grube rufe ich: Mein Vater bist du!,
Meine Mutter, meine Schwester!, zum Wurm.
Wo ist dann meine Hoffnung und wo mein Glück?
Wer kann es schauen?
Fahren sie zur Unterwelt mit mir hinab,
sinken wir vereint in den Staub?
– Stille –

2. Lesung (1 Thess 4,13–14.17d)
Den trostlosen Fragen des Ijob stellt der Apostel Paulus seine Hoffnung auf ein anderes Leben entgegen. Hören wir jetzt, was er an die Christinnen und Christen der Stadt Saloniki geschrieben hat.

L: Lesung aus dem Thessalonicher-Brief:

Wir wollen euch über die Verstorbenen
nicht in Unkenntnis lassen,
damit ihr nicht trauert wie die anderen,
die keine Hoffnung haben.
Wenn Jesus – und das ist unser Glaube – gestorben
und auferstanden ist,
dann wird Gott durch Jesus
auch die Verstorbenen zusammen mit ihm
zur Herrlichkeit führen.
Dann werden wir immer beim Herrn sein.
– Stille –

Besinnung

In einer Stunde wie der jetzigen empfindet man eine große
Nähe zu diesem Ijob.
Seine Verzweiflung und seine Fragen gleichen den unsrigen.
Unverstehbares ist geschehen,
Pläne, Hoffnungen und Lebensentwürfe sind durchkreuzt
und mit einem Male ist nichts mehr wie bisher.

Paulus kennt dieses unverstehbare Leid,
das völlig unerwartet über einen kommen kann,
und er weiß um die kaum zu ertragene Trostlosigkeit,
wenn es auf so viele Frage keine Antworten gibt.

Doch gerade in dieser Antwortlosigkeit verweist Paulus
auf Jesus von Nazaret.
Mitten aus dem Leben heraus hatte man ihn unschuldig
verurteilt und hingerichtet.
Aber Gott hat ihn nicht im Tod gelassen.

In der Auferweckung Jesu Christi hat er für alle Zeiten
dokumentiert, dass der Tod nicht das letzte Wort spricht.
Ja mehr noch,
so wie Jesus Christus werden auch die Seinen von Gott
auferweckt werden.
Das Dunkel, das uns jetzt die Sicht nimmt, wird sich lichten
und das jetzt Unverstehbare wird sich einfügen
in einen großen Sinnzusammenhang.

Diese Botschaft beantwortet nicht unsere Fragen,
sie kann aber Hoffnung geben,
weil unser Leben nicht im Tod endet,
sondern in ein ewiges Leben mündet.

ANTWORT DER GEMEINDE

Wechselgebet

V: Herr, wohin sollen wir gehen?
Nur du hast Worte des ewigen Lebens.
Dich bitten wir:

V: Herr, zeig uns den Weg!
A: Herr, zeig uns den Weg!
V: In der Trostlosigkeit des Todes,
A: Herr, zeig uns den Weg!
V: In der Verzweiflung über den Verlust von NN.,
A: Herr, zeig uns den Weg!
V: Wenn wir nicht mehr weiterwissen,
A: Herr, zeig uns den Weg!

V: Jesus, du bist am Kreuz gestorben.
A: Zu dir rufen wir.
V: Du bist auferstanden in Herrlichkeit.
A: Zu dir rufen wir.
V: Du bist die Tür zum Leben.
A: Zu dir rufen wir.
V: Du bist unsere einzige Hoffnung.
A: Zu dir rufen wir.

V: Wir bitten dich für unsere Toten.
A: Gib ihnen Leben bei dir!
V: Verzeih ihnen, wo sie schuldig geworden sind!
A: Gib ihnen Leben bei dir!
V: Ergänze, was ihrem Leben fehlt!
A: Gib ihnen Leben bei dir!

V: Von aller Hoffnungslosigkeit,
A: Herr, befreie uns!
V: Von aller Schuld,
A: Herr, befreie uns!
V: Von der Angst vor dem Tod,
A: Herr, befreie uns!
V: Von der Angst vor dem Leben,
A: Herr, befreie uns!

V: Deinen Tod, o Herr, verkünden wir
A: und deine Auferstehung preisen wir, bis du kommst in Herrlichkeit. Amen.

Zeichenhandlung

In unserer Kirche brennt als einziges Licht die Osterkerze. Seit alters her verkündet sie unseren Auferstehungsglauben. Auch wenn ihr Licht das Dunkel nur wenig erhellen kann, kann doch die Botschaft, die es kündet, Wegweiser sein durch das Dunkle hindurch und so eben Hoffnung für alle, die diesem Jesus Christus trauen.

Wer möchte, ist jetzt eingeladen, eine Kerze an diesem Auferstehungslicht zu entzünden, um mit diesem Tun in uns selbst die Botschaft aufs Neue zu verwurzeln, dass uns allen und eben auch NN. ewiges Leben verheißen ist, Leben in Fülle.

Die/der Gottesdienstbeauftragte geht nach vorne, zündet eine Kerze/Teelicht an und stellt/steckt dies auf.
Währenddessen meditative Musik oder Gesang
Liedvorschlag: Weder Tod noch Leben trennen uns (GL 663)

Gebet

V: Lasst uns beten!
– Stille –

Guter Gott,
Schmerz und Trauer ist in uns, weil wir NN. verloren haben.
Wir stehen vor dir,
weil wir wissen, dass du die Deinen nicht fallen lässt.
Dir vertrauen wir das Leben von NN. an.
Uns aber hilf, sie/ihn loszulassen.
Schenke uns die Kraft dazu
und gib uns die Zuversicht, dass du ewiges Leben schenkst,
so wie dies in Jesus Christus sichtbar geworden ist.
Das erbitten wir durch ihn, Jesus Christus, unseren Herrn.
A: Amen.

Fürbitten

V: Schwestern und Brüder!
Voll Vertrauen sprechen wir vor Gott unsere Bitten aus:

V: Für die verstorbene NN./Für den verstorbenen NN.: Gott vollende, worum sie/er sich bemüht hat, und lasse sie/ihn finden, was sie/er gesucht hat.
A: Wir bitten dich, erhöre uns.

V: Für die Angehörigen und Freunde der Verstorbenen/des Verstorbenen und für alle, denen dieser Tod sehr nahe geht: Unser Herr und Gott stärke ihren Mut zum Leben und gebe ihnen Zuversicht aus dem Glauben.
A: Wir bitten dich, erhöre uns.

V: Für alle, die keine Hoffnung haben: Gott führe sie mit Menschen zusammen, die ihnen Verständnis und Hilfe entgegenbringen.
A: Wir bitten dich, erhöre uns.

V: Für alle, die noch heute sterben müssen: Gott sei ihnen spürbar nahe in ihrer letzten Stunde.
A: Wir bitten dich, erhöre uns.

V: Für unsere Gemeinde und für alle, die hier zum Gebet versammelt sind:
Unser Herr und Gott helfe uns bei allen Entscheidungen, damit wir vor ihm bestehen können.
A: Wir bitten dich, erhöre uns.

Vaterunser

V: Fassen wir jetzt all unsere Bitten in dem Gebet zusammen, das uns Jesus Christus gelehrt hat:
A: Vater unser im Himmel ...

ABSCHLUSS

Segensbitte

Wo es angebracht erscheint, kann folgendermaßen zu einer Segensgeste eingeladen werden:

Einander nahe sein möchten wir auch in der Bitte um Segen. Ich lade alle ein, beim folgenden Segensgebet die Hand auf die Schulter der Nachbarin/des Nachbarn zu legen.

V: Bitten wir jetzt Gott um seinen Segen!

Gott sei vor uns und zeige uns den Weg.
Gott sei neben uns und begleite uns.
Gott sei hinter uns und schütze uns.
Gott sei unter uns und trage uns.
Gott sei in uns und tröste uns.
Gott sei um uns und schließe uns in seine Arme.
Gott sei über uns und segne uns.
So segne uns der menschenfreundliche Gott,
der Vater, der Sohn und der Heilige Geist.
Amen.

Meditative Musik

Dies ist einerseits ein sinnvoller Abschluss der Wort-Gottes-Feier und ermöglicht andererseits ein weiteres Verweilen zum persönlichen Beten.

GEMEINDEBLATT

ERÖFFNUNG

Musik oder Gesang
Lied: Wir sind mitten im Leben (GL 655)

Begrüßung

Gebet

VERKÜNDIGUNG DES WORTES GOTTES

Besinnung

ANTWORT DER GEMEINDE

Wechselgebet

V: Herr, wohin sollen wir gehen?
Nur du hast Worte des ewigen Lebens.
Dich bitten wir:
V: Herr, zeig uns den Weg!
A: Herr, zeig uns den Weg!
V: In der Trostlosigkeit des Todes,
A: Herr, zeig uns den Weg!
V: In der Verzweiflung über den Verlust von NN.,
A: Herr, zeig uns den Weg!

V: Wenn wir nicht mehr weiterwissen,
A: Herr, zeig uns den Weg!
V: Jesus, du bist am Kreuz gestorben.
A: Zu dir rufen wir.
V: Du bist auferstanden in Herrlichkeit.
A: Zu dir rufen wir.
V: Du bist die Tür zum Leben.
A: Zu dir rufen wir.
V: Du bist unsere einzige Hoffnung.
A: Zu dir rufen wir.

V: Wir bitten dich für unsere Toten.
A: Gib ihnen Leben bei dir!
V: Verzeih ihnen, wo sie schuldig geworden sind!
A: Gib ihnen Leben bei dir!
V: Ergänze, was ihrem Leben fehlt!
A: Gib ihnen Leben bei dir!

V: Von aller Hoffnungslosigkeit,
A: Herr, befreie uns!
V: Von aller Schuld,
A: Herr, befreie uns!
V: Von der Angst vor dem Tod,
A: Herr, befreie uns!
V: Von der Angst vor dem Leben,
A: Herr, befreie uns!

V: Deinen Tod, o Herr, verkünden wir
A: und deine Auferstehung preisen wir, bis du kommst in Herrlichkeit. Amen.

Zeichenhandlung

Währenddessen meditative Musik oder Gesang

Lied: Weder Tod noch Leben trennen uns (GL 663)

Gebet

Fürbitten

Die Gebetsbitte lautet:

A: Wir bitten dich, erhöre uns.

Vaterunser

Vater unser im Himmel,
geheiligt werde dein Name.
Dein Reich komme.
Dein Wille geschehe,
wie im Himmel so auf Erden.
Unser tägliches Brot gib uns heute.
Und vergib uns unsere Schuld,
wie auch wir vergeben unsern Schuldigern.
Und führe uns nicht in Versuchung,
sondern erlöse uns von dem Bösen.
Denn dein ist das Reich
und die Herrlichkeit,
in Ewigkeit. Amen.

ABSCHLUSS

Segensbitte

Meditative Musik

Das gemeinsame Gebet beim Tod einer Erwachsenen/eines Erwachsenen

ERÖFFNUNG

Musik oder Gesang

Lied: Ach wie flüchtig, ach wie nichtig (GL 657)

Begrüßung

V: Im Namen des Vaters und des Sohnes und des Heiligen Geistes.
A: Amen.
V: Unsere Hilfe ist im Namen des Herrn,
A: der Himmel und Erde erschaffen hat.
V: Herr, erhöre unser Gebet
A: und lass unser Rufen zu dir kommen.

Wir sind zusammengekommen, um im gemeinsamen Gebet unseren Schmerz über den Tod von NN. vor Gott auszusprechen. Wir wollen Gott bitten, dass er NN. aufnehme in sein Reich der Liebe und des Friedens.

Gebet

V: Lasst uns beten!
– Stille –

Unfassbarer ewiger Gott,
du hast uns erschaffen, und doch kennen wir dich nicht.
Niemand liebt uns so wie du, und dennoch bist du uns oft so fremd.
Deine Gedanken sind unergründlich und deine Wege unbegreiflich.
Hilf uns, dir auch in dieser dunklen Stunde zu vertrauen,
und lass uns festhalten an deiner Verheißung,
die uns Zukunft und Leben verheißt
und Gemeinschaft mit all denen, die schon in das Leben bei dir hineingestorben sind.
Dies erbitten wir durch Jesus Christus, unseren Herrn.
A: Amen.

VERKÜNDIGUNG DES WORTES GOTTES

Lesung (Offb 21,1–5a)

In wunderbaren Bildern beschreibt die Schrift das ewige Leben. Die Verheißung des neuen Jerusalems als Wohnort Gottes unter den Menschen gehört zu den schönsten Stellen.

L: Hören wir jetzt diesen Abschnitt aus der Offenbarung des Johannes:

Dann sah ich einen neuen Himmel und eine neue Erde;
denn der erste Himmel und die erste Erde sind vergangen,
auch das Meer ist nicht mehr.
Ich sah die heilige Stadt, das neue Jerusalem,
von Gott her aus dem Himmel herabkommen;
sie war bereit wie eine Braut, die sich für ihren Mann geschmückt hat.

Da hörte ich eine laute Stimme vom Thron her rufen:
Seht, die Wohnung Gottes unter den Menschen!
Er wird in ihrer Mitte wohnen, und sie werden sein Volk sein;
und er, Gott, wird bei ihnen sein.
Er wird alle Tränen von ihren Augen abwischen:
Der Tod wird nicht mehr sein, keine Trauer, keine Klage,
keine Mühsal.
Denn was früher war, ist vergangen.
Er, der auf dem Thron saß, sprach:
Seht, ich mache alles neu.

Besinnung

Gott ist der Gott des Lebens,
Gott ist die Quelle des Lebens,
Gott ist Leben,
Leben in Fülle!

Was kein Auge geschaut und kein Ohr gehört hat,
was noch in keines Menschen Herz gedrungen ist,
das hat Gott denen bereitet, die ihn lieben:
Leben über Leben,
grenzenloser Frieden,
grenzenloses Glück!

Zusammen mit allen, die zu uns gehören,
zusammen mit allen, die wir lieben,
zusammen mit allen, nach denen wir uns sehnen,
zusammen mit ihm, unserem Gott und Vater,
zusammen mit ihm, unserem Bruder und Erlöser,
zusammen mit ihm, dem Geist, der neues Leben schafft:
eine neue Erde,
ein neuer Himmel,

ein Reich der Liebe,
ein Reich des Friedens,
geborgen in der Hand des Vaters,
geborgen in den Armen Gottes!

ANTWORT DER GEMEINDE

Psalmgebet (Ps 69,2.4.14.15.17.18.33.34.36.37, Kehrvers: GL 720,1)
Wo es möglich ist, sollte der Psalm im Verswechsel oder mit wiederkehrendem Kehrvers abwechselnd zwischen Vorsänger/-in und Gemeinde gesungen werden. Für die Psalmverse eignet sich der VIII. Ton (vgl. hierzu GL 720,2).

K: Der Herr ist nahe allen, die ihn rufen.
A: Der Herr ist nahe allen, die ihn rufen.

K: Hilf mir, o Gott! *
Schon reicht mir das Wasser bis an die Kehle.

A: Ich bin müde vom Rufen, *
meine Kehle ist heiser,

K: mir versagen die Augen, *
während ich warte auf meinen Gott.

A: Ich aber bete zu dir, *
Herr, zur Zeit der Gnade.

K: Erhöre mich in deiner großen Huld, *
Gott, hilf mir in deiner Treue!

A: Entreiß mich dem Sumpf, *
damit ich nicht versinke.

K: Erhöre mich, Herr, in deiner Huld und Güte *
wende dich mir zu in deinem großen Erbarmen!

A: Verbirg nicht dein Gesicht vor deinem Knecht; *
denn mir ist angst. Erhöre mich bald!

K: Schaut her, ihr Gebeugten, und freut euch; *
ihr, die ihr Gott sucht: euer Herz lebe auf!

A: Denn der Herr hört auf die Armen, *
er verachtet die Gefangenen nicht.

K: Denn Gott wird Zion retten, *
wird Judas Städte neu erbauen.

A: Seine Knechte werden dort wohnen und das Land besitzen, *
wer seinen Namen liebt, soll darin wohnen.

K: Ehre sei dem Vater und dem Sohn *
und dem Heiligen Geist.

A: Wie im Anfang, so auch jetzt und alle Zeit *
und in Ewigkeit. Amen.

A: Der Herr ist nahe allen, die ihn rufen.

Fürbitten

V: Lasst uns jetzt voll Vertrauen unsere Bitten vor den Herrn hintragen:

V: Komm uns zu Hilfe mit deinem Erbarmen.
A: Wir bitten dich, erhöre uns.

V: Nimm NN. auf in dein Reich der Liebe und des Friedens.
A: Wir bitten dich, erhöre uns.

V: Vergelte NN. all das Gute, das sie/er für uns getan hat.
A: Wir bitten dich, erhöre uns.

V: Hilf uns, mit der Trennung leben zu können.
A: Wir bitten dich, erhöre uns.

V: Schenke uns Trost in der Gewissheit, dass du uns alle zum himmlischen Hochzeitsmahl geladen hast.
A: Wir bitten dich, erhöre uns.

Vaterunser

V: Fassen wir jetzt all unsere Bitten in dem Gebet zusammen, das uns Jesus Christus gelehrt hat:
A: Vater unser im Himmel ...

ABSCHLUSS

Gebet

V: Lasst uns beten!
– Stille –

Gott, unser Vater,
deine Liebe hat uns gewollt,
deine Kraft hat uns erschaffen,
in deiner Güte leben wir,
in dein Erbarmen wird unser Leben münden.
Erhalte in uns den Glauben an dein Licht,
schenke uns Trost und Zuversicht
und leite uns durch dieses Leben in dein Reich,
durch Jesus Christus, unseren Herrn.
A: Amen.

Segensbitte

V: Der Segen des dreieinigen Gottes,
des Vaters, der uns in seiner Liebe erschaffen hat,
des Sohnes, der gelitten hat und von den Toten auferstand,
des Heiligen Geistes, der uns tröstet und uns beisteht in jeder Not,
komme auf uns und auf alle herab, mit denen wir in Liebe verbunden sind,
jetzt und für alle Zeit bis in Ewigkeit.
A: Amen.

Lied

Eine neue Stadt ersteht (GL 642)

ERÖFFNUNG

Musik oder Gesang

Lied: Ach wie flüchtig, ach wie nichtig (GL 657)

Begrüßung

V: Im Namen des Vaters und des Sohnes und des Heiligen Geistes.
A: Amen.
V: Unsere Hilfe ist im Namen des Herrn,
A: der Himmel und Erde erschaffen hat.
V: Herr, erhöre unser Gebet
A: und lass unser Rufen zu dir kommen.

Gebet

VERKÜNDIGUNG DES WORT GOTTES

Besinnung

ANTWORT DER GEMEINDE

Psalmgebet (Ps 69,2.4.14.15.17.18.33.34.36.37,
Kehrvers: GL 720,1)

K: Der Herr ist nahe allen, die ihn rufen.
A: Der Herr ist nahe allen, die ihn rufen.

K: Hilf mir, o Gott! *
Schon reicht mir das Wasser bis an die Kehle.

A: Ich bin müde vom Rufen, *
meine Kehle ist heiser,

K: mir versagen die Augen, *
während ich warte auf meinen Gott.

A: Ich aber bete zu dir, *
Herr, zur Zeit der Gnade.

K: Erhöre mich in deiner großen Huld, *
Gott, hilf mir in deiner Treue!

A: Entreiß mich dem Sumpf, *
damit ich nicht versinke.

K: Erhöre mich, Herr, in deiner Huld und Güte *
wende dich mir zu in deinem großen Erbarmen!

A: Verbirg nicht dein Gesicht vor deinem Knecht; *
denn mir ist angst. Erhöre mich bald!

K: Schaut her, ihr Gebeugten, und freut euch; *
ihr, die ihr Gott sucht: euer Herz lebe auf!

A: Denn der Herr hört auf die Armen, *
er verachtet die Gefangenen nicht.

K: Denn Gott wird Zion retten, *
wird Judas Städte neu erbauen.

A: Seine Knechte werden dort wohnen und das Land besitzen, *
wer seinen Namen liebt, soll darin wohnen.

K: Ehre sei dem Vater und dem Sohn *
und dem Heiligen Geist.

A: Wie im Anfang, so auch jetzt und alle Zeit *
und in Ewigkeit. Amen.

A: Der Herr ist nahe allen, die ihn rufen.

Fürbitten

Die Gebetsbitte lautet:

A: Wir bitten dich, erhöre uns.

Vaterunser

Vater unser im Himmel,
geheiligt werde dein Name.
Dein Reich komme.
Dein Wille geschehe,
wie im Himmel so auf Erden.
Unser tägliches Brot gib uns heute.
Und vergib uns unsere Schuld,
wie auch wir vergeben unsern Schuldigern.
Und führe uns nicht in Versuchung,
sondern erlöse uns von dem Bösen.
Denn dein ist das Reich
und die Herrlichkeit,
in Ewigkeit. Amen.

ABSCHLUSS

Segensbitte

Lied

Eine neue Stadt ersteht (GL 642)

Das gemeinsame Gebet beim Tod eines alten Menschen

ERÖFFNUNG

Lied
Wir sind nur Gast auf Erden (GL 656)

V: Beginnen wir diesen Gottesdienst im Namen des Vaters und des Sohnes und des Heiligen Geistes.
A: Amen.

Begrüßung
Wir haben uns hier versammelt, weil das Leben von NN. zu Ende gegangen ist und weil wir miteinander beten wollen, dass Gott sie/ihn aufnehme in seine Herrlichkeit.

Gebet
V: Lasst uns beten!
– Stille –

Ewiger Gott, Herr des Lebens,
dein Sohn ist uns im Leben und im Sterben vorausgegangen.
Er hat gesagt: Ich bin der Weg, die Wahrheit und das Leben.
Ich bin die Auferstehung,
wer an mich glaubt wird leben, auch wenn er gestorben ist.
NN. hat aus diesem Glauben zu leben versucht,
in diesem Glauben hat sie/er ihr/sein irdisches Leben
in deine Hand zurückgegeben.

Vollende du, was unfertig geblieben ist,
und schenke ihr/ihm in deiner großen Barmherzigkeit
das Leben in Fülle.
Uns aber, die wir noch unterwegs sind zu dir,
lass uns deine Hilfe erfahren,
hilf uns, den rechten Weg zu finden,
und bewahre uns vor Irrwegen und falschen Entscheidungen.
Jetzt aber legen wir das Leben von NN.
vertrauensvoll in deine Hände,
denn du bist unser aller Vater,
durch Christus, unseren Herrn.
A: Amen.

VERKÜNDIGUNG DES WORTES GOTTES

Lesung (2 Kor 5,1.6–10)

Auch wenn sich alles in uns gegen den Tod sträubt, als Christinnen und Christen glauben wir, dass dieses Leben auf seine Vollendung zuläuft, die von Gott geschenkt werden wird. Von dieser Hoffnung spricht der zweite Korintherbrief.

L: Lesung aus dem zweiten Brief des Apostels Paulus an die Korinther:

Wir wissen:
Wenn unser irdisches Zelt abgebrochen wird,
dann haben wir eine Wohnung von Gott,
ein nicht von Menschenhand errichtetes
ewiges Haus im Himmel.
Wir sind also immer zuversichtlich,
auch wenn wir wissen, dass wir fern vom Herrn

in der Fremde leben,
solange wir in diesem Leib zu Hause sind;
denn als Glaubende gehen wir unseren Weg,
nicht als Schauende.
Weil wir aber zuversichtlich sind,
ziehen wir es vor,
aus dem Leib auszuwandern und daheim beim Herrn zu sein.
Deswegen suchen wir unsere Ehre darin, ihm zu gefallen,
ob wir daheim oder in der Fremde sind.
Denn wir alle
müssen vor dem Richterstuhl Christi offenbar werden,
damit jeder seinen Lohn empfängt für das Gute oder Böse,
das er im irdischen Leben getan hat.
– Stille –

ANTWORT DER GEMEINDE

Meditatives Wechselgebet

Wir Christinnen und Christen vertrauen darauf, dass unser Leben, Sterben und unsere ewige Zukunft in den Händen Gottes liegt. Wie Jesus am Kreuz, so wollen auch wir jetzt angesichts des Todes von NN. zu Gott, unserem himmlischen Vater rufen:

V: Vater, in deine Hände lege ich meinen Geist.

A: Vater, in deine Hände lege ich meinen Geist.

Die folgenden Gebetsgedanken sollten langsam und meditativ gesprochen werden.

V: Unsere Lebenszeit sind Jahre – Tage – Stunden – Augenblicke.

Darin eingebettet:
geboren werden und wachsen – empfangen und reifen –
geben und nehmen – loslassen und sterben.

– Stille –

V: Mit unserem Herrn Jesus Christus beten wir:

A: Vater, in deine Hände lege ich meinen Geist.

V: Jedes Leben kennt Schönes und Wertvolles –
Erreichtes und Gelungenes. –
Dafür sind wir dankbar.

– Stille –

V: Mit unserem Herrn Jesus Christus beten wir:

A: Vater, in deine Hände lege ich meinen Geist.

V: Da ist aber auch das Bruchstückhafte –
das Unvollendete – das Zerbrochene. –
All das, wo wir gescheitert sind.

– Stille –

V: Mit unserem Herrn Jesus Christus beten wir:

A: Vater, in deine Hände lege ich meinen Geist.

V: Heilsames dürfen wir erleben und Wohltuendes –
Aufrichtendes und Ermutigendes. –
Und es gibt Menschen, die uns wertvoll sind.

– Stille –

V: Mit unserem Herrn Jesus Christus beten wir:

A: Vater, in deine Hände lege ich meinen Geist.

V: Und es gibt das Unverstehbare:
Schicksalsschläge – Leid und Krankheit –
Verletzungen und Wunden. –
All das, wo wir keinen Sinn erkennen.

– Stille –

V: Mit unserem Herrn Jesus Christus beten wir:

A: Vater, in deine Hände lege ich meinen Geist.

V: Und wenn das Leben den Atem anhält, werden unsere Fragen lauter:
Woran kann ich mich festhalten, –
auf wen kann ich mich verlassen?

– Stille –

V: Mit unserem Herrn Jesus Christus beten wir:

A: Vater, in deine Hände lege ich meinen Geist.

Lied

Worauf sollen wir hören? (GL 623)

Statt eines gemeinsamen Gesangs sollte das Lied von einer Sängerin/einem Sänger solistisch vorgetragen werden.

Fürbitten

V: Das Wort der Schrift bekräftigt unsre Hoffnung.
So wenden wir uns voll Vertrauen an unseren Vater im Himmel.

V: Wir beten für unsere verstorbene/unseren verstorbenen NN.:
Unser Herr und Gott schenke ihr/ihm die Erfüllung allen irdischen Suchens und Mühens.

A: Wir bitten dich, erhöre uns.

V: Beten wir auch für die Angehörigen der/des Verstorbenen, für die Freunde und für alle, denen dieser Tod nahe geht: Unser Herr und Gott stärke ihren Mut zum Leben und gebe ihnen Zuversicht aus dem Glauben.
A: Wir bitten dich, erhöre uns.

V: Beten wir auch für die, die keine Hoffnung haben: Unser Herr und Gott führe sie mit Menschen zusammen, die ihnen Verständnis und Hilfe entgegenbringen.
A: Wir bitten dich, erhöre uns.

V: Beten wir für all die, die in den nächsten Tagen sterben müssen:
Unser Herr und Gott stärke sie in ihrer letzten Stunde.
A: Wir bitten dich, erhöre uns.

V: Beten wir zuletzt auch für uns, die wir zum Gebet versammelt sind:
Unser Herr und Gott helfe uns bei allen Entscheidungen, damit wir vor ihm bestehen können.
A: Wir bitten dich, erhöre uns.

V: Guter Gott, du hast uns deinen Sohn gesandt.
Er war das Spiegelbild deiner Menschenfreundlichkeit.
Er ist für uns gestorben und du hast ihn aus dem Tod auferweckt.
So schauen wir voll Hoffnung auf ihn und bitten dich:
Vollende du bei NN., was du in der Taufe begonnen hast.
Schenke ihr/ihm die Freude des ewigen Lebens.
Darum bitten wir durch Jesus Christus, unseren Herrn.
A: Amen.

Vaterunser

V: Fassen wir jetzt all unsere Bitten in dem Gebet zusammen, das uns Jesus Christus gelehrt hat:

A: Vater unser im Himmel ...

ABSCHLUSS

Segensbitte

V: Beten wir jetzt um den Segen Gottes!
Es segne uns der Vater unseres Herrn Jesus Christus,
der Gott allen Trostes, der uns tröstet in jeder Trübsal!
Uns Lebenden gewähre er Verzeihung unserer Sünden,
unseren Verstorbenen schenke er den ewigen Frieden!

Es bleibe bei uns mit seinem Segen der Gott des Lebens,
der Vater und der Sohn und der Heilige Geist.

A: Amen.

Lied

Was Gott tut, das ist wohlgetan (GL 294,3 u. 4)

GEMEINDEBLATT

ERÖFFNUNG

Lied

Wir sind nur Gast auf Erden (GL 656)

Gebet

VERKÜNDIGUNG DES WORTES GOTTES

ANTWORT DER GEMEINDE

Wechselgebet

Die Gebetsbitte lautet:

V: Mit unserem Herrn Jesus Christus beten wir:

A: Vater, in deine Hände lege ich meinen Geist.

Lied

Worauf sollen wir hören (GL 623)

Fürbitten

Die Gebetsbitte lautet:

A: Wir bitten dich, erhöre uns.

Vaterunser

Vater unser im Himmel,
geheiligt werde dein Name.
Dein Reich komme.
Dein Wille geschehe,
wie im Himmel so auf Erden.
Unser tägliches Brot gib uns heute.
Und vergib uns unsere Schuld,
wie auch wir vergeben unsern Schuldigern.
Und führe uns nicht in Versuchung,
sondern erlöse uns von dem Bösen.
Denn dein ist das Reich
und die Herrlichkeit,
in Ewigkeit. Amen.

Abschluss

Segensbitte

Lied

Was Gott tut, das ist wohlgetan (GL 294,3 u. 4)

Ein ökumenisches Totengebet

Diese Vorlage eignet sich besonders für Wort-Gottes-Feiern in Alters- und Pflegeheimen.

ERÖFFNUNG

Meditative Musik oder Gesang
Lied: Wir sind nur Gast auf Erden (GL 656)

V: Wir feiern diesen Gottesdienst im Namen Gottes,
des Vaters und des Sohnes und des Heiligen Geistes.
A: Amen.

Begrüßung
Wir erinnern uns heute an Frau/Herrn NN., die/der am ... verstorben ist.

Wir erinnern uns an einen Menschen, den manche von uns sehr gut kannten. Anderen ist sie/er eher fremd oder unbekannt geblieben.

Die, die sie/ihn näher kannten, denken an das, was sie gemeinsam erlebt haben. Manches war auch schwierig und nicht einfach, anderes war sehr schön.

Im Gebet empfehlen wir Frau/Herrn NN. der Hand Gottes, die gerade auch im Sterben und im Tod denen Halt gibt, die nach ihr greifen, und wir beten dafür, dass auch wir diese Hand spüren dürfen, jeden Tag aufs Neue.

Psalmgebet (Ps 121, GL 752,1 u. 2)

Wo es möglich ist, sollte der Psalm im Verswechsel oder mit wiederkehrendem Kehrvers abwechselnd zwischen Vorsänger/-in und Gemeinde gesungen werden. Wo er nur gesprochen wird, sollte einem meditativen (Vor-) Beten der Vorzug gegeben werden.

K: Vertraut auf den Herrn; er ist Helfer und Schild!

A: Vertraut auf den Herrn; er ist Helfer und Schild!

K: Ich hebe meine Augen auf zu den Bergen: *
Woher kommt mir Hilfe?

A: Meine Hilfe kommt vom Herrn, *
der Himmel und Erde gemacht hat.

K: Er lässt deinen Fuß nicht wanken; *
er, der dich behütet, schläft nicht.

A: Nein, der Hüter Israels *
schläft und schlummert nicht.

K: Der Herr ist dein Hüter, der Herr gibt dir Schatten; *
er steht dir zur Seite.

A: Bei Tag wird dir die Sonne nicht schaden *
noch der Mond in der Nacht.

K: Der Herr behüte dich vor allem Bösen, *
er behüte dein Leben.

A: Der Herr behüte dich, wenn du fortgehst und wiederkommst, *
von nun an bis in Ewigkeit.

K: Ehre sei dem Vater und dem Sohn *
und dem Heiligen Geist,

A: wie im Anfang, so auch jetzt und alle Zeit *
und in Ewigkeit. Amen.

A: Vertraut auf den Herrn; er ist Helfer und Schild!

VERKÜNDIGUNG DES WORTES GOTTES

Lesung (Röm 8,34b–39)
Alles in uns sträubt sich gegen Krankheit, Leid und Tod. Jede Faser in uns will leben. Die Schrift antwortet mit dem Verweis auf Gott, der seinen eingeborenen Sohn in den Tod gab, damit wir leben.

L: Hören wir jetzt, was der Apostel Paulus den Römern schreibt:

Christus Jesus, der gestorben ist,
mehr noch: der auferweckt worden ist,
sitzt zur Rechten Gottes und tritt für uns ein.
Was kann uns scheiden von der Liebe Christi?
Bedrängnis oder Not oder Verfolgung,
Hunger oder Kälte, Gefahr oder Schwert?
In der Schrift steht:

Um deinetwillen sind wir den ganzen Tag
dem Tod ausgesetzt;
wir werden behandelt wie Schafe,
die man zum Schlachten bestimmt.
Doch all das überwinden wir durch den, der uns geliebt hat.

Denn ich bin gewiss:
Weder Tod noch Leben,
weder Engel noch Mächte,
weder Gegenwärtiges noch Zukünftiges,
weder Gewalten der Höhe oder Tiefe
noch irgendeine andere Kreatur
können uns scheiden von der Liebe Gottes,
die in Christus Jesus ist, unserem Herrn.
– Stille –

Besinnung
Wenn ein Mensch stirbt, den wir gekannt haben,
ein Mensch, der uns vertraut war,
dann ist es gut und richtig,
dass wir nicht einfach zur Tagesordnung übergehen.
Es ist wichtig, innezuhalten.
Zum einen geben wir der/dem Verstorbenen die Ehre,
wir denken an sie/ihn und wir beten für sie/ihn.

Zum anderen haben wir die Möglichkeit
uns von ihr/ihm zu verabschieden.
In diesem Verabschieden ist Platz für alles, was uns bewegt:
unsere Trauer, weil wir sie/ihn verloren haben,
weil sie/er eine Lücke hinterlässt.

Da ist aber auch Platz für unseren Dank
und für die Freude darüber, dass wir sie/ihn haben durften.
Was wir mit ihr/ihm erlebt haben,
wird in unserem Gedächtnis bleiben,
und vielleicht auch in unserem Herzen.

Bei diesem Innehalten werden wir aber auch daran erinnert,
dass wir alle sterblich sind.
Wir werden geboren,
wir leben hier auf dieser Erde,
und wir verlassen die Welt dann wieder.
Das klingt einfacher, als es dann durchzutragen geht.
Die Worte der Lesung wollen Zuspruch sein
und Ermutigung geben,
im Blick auf unsere Verstorbenen
und auf unseren eigenen Lebensweg.
Der Apostel Paulus hat in seinem Leben
Höhen und Tiefen erlebt,
und doch ist er sich gewiss,
dass ihn nichts von der Liebe Gottes trennen kann.

Auch wir dürfen gewiss sein:
Die Lebenden wie die Toten
werden nicht aus der Liebe Gottes herausfallen.
In Christus bleiben wir miteinander verbunden,
mit denen, die uns vorausgegangen sind,
und mit denen, die nach uns kommen werden.
Der heilige Augustinus schreibt:
Wer heimgeht zum Vater, bleibt in der Familie.
Das darf uns bei aller Trauer Grund zur Freude und
Dankbarkeit sein.
– Stille –

Lied

Nun danket alle Gott (GL 266)

Zeichenhandlung

Zum Aufstecken der Kerzen steht in der Mitte eine große Tonschale mit Sand für die Kerzen der Teilnehmenden bereit. Die Osterkerze steht daneben.

Jeder kann jetzt eine Kerze anzünden als Zeichen seines Gedenkens an Frau/Herrn NN.

Wir wollen unsere Lichter an der Osterkerze anzünden, denn sie kündet die Osterbotschaft, dass Dunkel, Leid und Tod, aber auch Traurigkeit und Angst nicht das letzte Wort haben, sondern Gott in seinem Sohn Jesus Christus, der für und Licht, Wahrheit und Leben ist.

Wer möchte, kann nun nach vorne kommen und eine Kerze entzünden.

Währenddessen meditative Musik

Gebet

V: Lasst uns beten!

– Stille –

Guter und treuer Gott,
du bist bei uns an hellen und an dunklen Tagen,
im Leben und im Tod.
Wir bringen vor dich, was uns freut und was uns wehtut,
was wir uns wünschen und wofür wir dir danken.
Sieh auf die Not der Menschen, besonders der Kranken
und Einsamen.

Viele sind verzweifelt und ohne Hoffnung.
Schicke du ihnen Mitmenschen,
durch die sie deine Nähe und Güte erkennen.
Wir bitten dich,
nimm die Verstorbene/den Verstorbenen auf in dein Reich
und bewahre sie/ihn nach deinem Willen,
durch Jesus Christus, unseren Herrn.
A: Amen.

Vaterunser

V: Fassen wir jetzt all unsere Bitten in dem Gebet zusammen, das uns Jesus Christus gelehrt hat:
A: Vater unser im Himmel ...

ABSCHLUSS

Segensbitte

V: Bitten wir nun Gott um seinen Segen:

Der Herr segne uns und behüte uns,
er lasse sein Angesicht über uns leuchten und sei uns gnädig.
Er wende uns sein Angesicht zu
und schenke uns seinen Frieden.
So bleibe bei uns mit seinem Segen der gute und treue Gott,
der Vater, der Sohn und der Heilige Geist.
A: Amen.

Lied

Verklärt ist alles Leid der Welt (GL 220,2–4)

ERÖFFNUNG

Meditative Musik oder Gesang
Lied: Wir sind nur Gast auf Erden (GL 656)

Begrüßung

Psalmgebet (Ps 121, GL 752,1 u. 2)

K: Vertraut auf den Herrn; er ist Helfer und Schild!
A: Vertraut auf den Herrn; er ist Helfer und Schild!

K: Ich hebe meine Augen auf zu den Bergen: *
Woher kommt mir Hilfe?

A: Meine Hilfe kommt vom Herrn, *
der Himmel und Erde gemacht hat.

K: Er lässt deinen Fuß nicht wanken; *
er, der dich behütet, schläft nicht.

A: Nein, der Hüter Israels *
schläft und schlummert nicht.

K: Der Herr ist dein Hüter, der Herr gibt dir Schatten; *
er steht dir zur Seite.

A: Bei Tag wird dir die Sonne nicht schaden *
noch der Mond in der Nacht.

K: Der Herr behüte dich vor allem Bösen, *
er behüte dein Leben.

A: Der Herr behüte dich, wenn du fortgehst und
wiederkommst, *
von nun an bis in Ewigkeit.

K: Ehre sei dem Vater und dem Sohn *
und dem Heiligen Geist,

A: wie im Anfang, so auch jetzt und alle Zeit *
und in Ewigkeit. Amen.

A: Vertraut auf den Herrn; er ist Helfer und Schild!

VERKÜNDIGUNG DES WORT GOTTES

Besinnung

ANTWORT DER GEMEINDE

Lied

Nun danket alle Gott (GL 266)

Zeichenhandlung

Zum Aufstecken der Kerzen steht neben der Osterkerze eine große Tonschale mit Sand für die Kerzen der Teilnehmenden bereit.

Gebet

Vaterunser

Vater unser im Himmel,
geheiligt werde dein Name.
Dein Reich komme.
Dein Wille geschehe,
wie im Himmel so auf Erden.
Unser tägliches Brot gib uns heute.
Und vergib uns unsere Schuld,
wie auch wir vergeben unsern Schuldigern.
Und führe uns nicht in Versuchung,
sondern erlöse uns von dem Bösen.
Denn dein ist das Reich
und die Herrlichkeit,
in Ewigkeit. Amen.

ABSCHLUSS

Segensbitte

Lied

Verklärt ist alles Leid der Welt (GL 220,2–4)

Christus-Rosenkranz

Der Christus-Rosenkranz[1] *hat denselben Aufbau wie der marianische Rosenkranz. Dabei wird das »Gegrüßet seist du, Maria« durch das folgende Gebet ersetzt (vgl. GL 6,3):*

V: Sei gepriesen, Herr Jesus Christus, Sohn des lebendigen Gottes. Du bist der Erlöser der Welt, unser Herr und Heiland, ... (hier wird das jeweilige Geheimnis genannt).

Dann beten alle:

A: Komm, Herr Jesus, und steh uns bei, dass wir alle Zeit mit dir leben und in das Reich deines Vaters gelangen. Amen. (GL 6,3)

Im Blick auf das Gebet für die Verstorbenen wurden fünf Gesätze aus den schmerzhaften, glorreichen und trostreichen Geheimnissen ausgewählt.

1 Vgl. hierzu die von der liturgischen Kommission der Erzdiözese Bamberg herausgegebene Handreichung Nr. 2 »Der Christus-Rosenkranz bei der ewigen Anbetung« (Reihe: Gottes-Dienst – Menschen-Antwort).

ERÖFFNUNG

Lied

Dein Ohr in Huld mir neige (GL 293,2 u. 3)

Gebet

V: Im Namen des Vaters und des Sohnes und des Heiligen Geistes.
A: Amen.
V: Ich glaube an Gott,
A: den Vater, den Allmächtigen, den Schöpfer des Himmels und der Erde ...
V: Ehre sei dem Vater und dem Sohn und dem Heiligen Geist,
A: wie im Anfang so auch jetzt und allezeit und in Ewigkeit. Amen.

V: Vater unser im Himmel,
A: geheiligt werde dein Name ...
V: Sei gepriesen, Herr Jesus Christus, Sohn des lebendigen Gottes. Du bist der Erlöser der Welt, unser Herr und Heiland, der in uns den Glauben vermehre.
A: Komm, Herr Jesus, und steh uns bei, dass wir alle Zeit mit dir leben und in das Reich deines Vaters gelangen. Amen.
V: Sei gepriesen, Herr Jesus Christus, Sohn des lebendigen Gottes. Du bist der Erlöser der Welt, unser Herr und Heiland, der in uns die Hoffnung stärke.
A: Komm, Herr Jesus, und steh uns bei, dass wir alle Zeit mit dir leben und in das Reich deines Vaters gelangen. Amen.
V: Sei gepriesen, Herr Jesus Christus, Sohn des lebendigen Gottes. Du bist der Erlöser der Welt, unser Herr und Heiland, der in uns die Liebe entzünde.

A: Komm, Herr Jesus, und steh uns bei, dass wir alle Zeit mit dir leben und in das Reich deines Vaters gelangen. Amen.
V: Ehre sei dem Vater und dem Sohn und dem Heiligen Geist,
A: wie im Anfang so auch jetzt und allezeit und in Ewigkeit. Amen.

BETRACHTUNG DES WORTES GOTTES

1. *Gesätz: Jesus, der für uns das schwere Kreuz getragen hat*

Lied
Du hast das Kreuz auf dich genommen (GL 185,2)

Schrifttext
L: Im Johannesevangelium heißt es:

Er trug sein Kreuz
und ging hinaus zur sogenannten Schädelhöhe,
die auf hebräisch Golgota heißt.
Dort kreuzigten sie ihn und mit ihm zwei andere,
auf jeder Seite einen, in der Mitte Jesus.
(Joh 19,17f.)
– Stille –

Gebet
V: Vater unser im Himmel,
A: geheiligt werde dein Name ...

Es folgt zehnmal:

V: Sei gepriesen, Herr Jesus Christus, Sohn des lebendigen Gottes. Du bist der Erlöser der Welt, unser Herr und Heiland, der für uns das schwere Kreuz getragen hat.

A: Komm, Herr Jesus, und steh uns bei, dass wir alle Zeit mit dir leben und in das Reich deines Vaters gelangen. Amen.

V: Ehre sei dem Vater und dem Sohn und dem Heiligen Geist,

A: wie im Anfang so auch jetzt und allezeit und in Ewigkeit. Amen.

2. *Gesätz: Jesus, der für uns gekreuzigt worden ist*

Lied

Du wirst, o Herr, ans Kreuz geschlagen (GL 185,11)

Schrifttext

L: Im Lukasevangelium heißt es:

Es war um die sechste Stunde,
als eine Finsternis über das ganze Land hereinbrach.
Sie dauerte bis zur neunten Stunde.
Die Sonne verdunkelte sich.
Der Vorhang im Tempel riss entzwei,
und Jesus rief laut:
Vater, in deine Hände lege ich meinen Geist.
Nach diesen Worten hauchte er den Geist aus.
(Lk 23,44–46)
– Stille –

Gebet

V: Vater unser im Himmel,
A: geheiligt werde dein Name ...

Es folgt zehnmal:

V: Sei gepriesen, Herr Jesus Christus, Sohn des lebendigen Gottes. Du bist der Erlöser der Welt, unser Herr und Heiland, der für uns gekreuzigt worden ist.
A: Komm, Herr Jesus, und steh uns bei, dass wir alle Zeit mit dir leben und in das Reich deines Vaters gelangen. Amen.
V: Ehre sei dem Vater und dem Sohn und dem Heiligen Geist,
A: wie im Anfang so auch jetzt und allezeit und in Ewigkeit. Amen.

3. Gesätz: Jesus Christus, der von den Toten auferstanden ist

Lied

Verklärt ist alles Leid der Welt (GL 220,2 u. 3)

Schrifttext

L: Im Markusevangelium heißt es:

(Der Engel sprach zu den Frauen:) Erschreckt nicht!
Ihr sucht Jesus von Nazaret, den Gekreuzigten.
Er ist auferstanden; er ist nicht hier.
Seht, da ist die Stelle, wo man ihn hingelegt hatte.
Nun aber geht und sagt seinen Jüngern, vor allem Petrus:
Er geht euch voraus nach Galiläa;
Dort werdet ihr ihn sehen, wie er es euch gesagt hat.
(Mk 16,6–8)
– Stille –

Gebet

V: Vater unser im Himmel,

A: geheiligt werde dein Name ...

Es folgt zehnmal:

V: Sei gepriesen, Herr Jesus Christus, Sohn des lebendigen Gottes. Du bist der Erlöser der Welt, unser Herr und Heiland, der von den Toten auferstanden ist.

A: Komm, Herr Jesus, und steh uns bei, dass wir alle Zeit mit dir leben und in das Reich deines Vaters gelangen. Amen.

V: Ehre sei dem Vater und dem Sohn und dem Heiligen Geist,

A: wie im Anfang so auch jetzt und allezeit und in Ewigkeit. Amen.

4. *Gesätz: Jesus Christus, der wiederkommen wird in Herrlichkeit*

Lied

Nüchtern und bereit lass uns, Herr, hier leben (GL 568,3)

Schrifttext

L: Paulus schreibt an die Philipper:

Christus will ich erkennen und die Macht
seiner Auferstehung
und die Gemeinschaft mit seinen Leiden;
sein Tod soll mich prägen.
So hoffe ich auch zur Auferstehung von den Toten
zu gelangen.
Unser Heimat (aber) ist im Himmel.
Von dorther erwarten wir auch Jesus Christus, den Herrn,
als Retter, der unseren armseligen Leib verwandeln wird

in die Gestalt seines verherrlichten Leibes,
in der Kraft, mit der er sich alles unterwerfen kann.
(Phil 3,10.11.20–21)
– Stille –

Gebet

V: Vater unser im Himmel,
A: geheiligt werde dein Name ...

Es folgt zehnmal:

V: Sei gepriesen, Herr Jesus Christus, Sohn des lebendigen Gottes. Du bist der Erlöser der Welt, unser Herr und Heiland, der wiederkommen wird in Herrlichkeit.
A: Komm, Herr Jesus, und steh uns bei, dass wir alle Zeit mit dir leben und in das Reich deines Vaters gelangen. Amen.
V: Ehre sei dem Vater und dem Sohn und dem Heiligen Geist,
A: wie im Anfang so auch jetzt und allezeit und in Ewigkeit. Amen.

5. *Gesätz: Jesus Christus, der alles vollenden wird*

Lied

Komm, du Menschensohn, lass dein Reich erscheinen (GL 568,4)

Schrifttext

L.: In der Offenbarung des Johannes heißt es:

Dann sah ich einen neuen Himmel und eine neue Erde;
Denn der erste Himmel und die erste erde sind vergangen,
auch das Meer ist nicht mehr.
Ich sah die heilige Stadt, das neue Jerusalem,

von Gott her aus dem Himmel herabkommen;
sie war bereit wie eine Braut,
die sich für ihren Mann geschmückt hat.
Da hörte ich eine laute Stimme vom Thron her rufen:
Seht, die Wohnung Gottes unter den Menschen!
Er wird in ihrer Mitte wohnen,
und sie werden sein Volk sein;
und er, Gott, wird bei ihnen sein.
Er wird alle Tränen von ihren Augen abwischen:
Der Tod wird nicht mehr sein,
keine Trauer, keine Klage, keine Mühsal.
Denn was früher war, ist vergangen.
Er, der auf dem Thron saß, sprach:
Seht, ich mache alles neu.
Und er sagte:
Schreibe es auf, denn diese Worte sind zuverlässig und wahr.
(Offb 21,1–5)
– Stille –

Gebet

V: Vater unser im Himmel,
A: geheiligt werde dein Name ...

Es folgt zehnmal:

V: Sei gepriesen, Herr Jesus Christus, Sohn des lebendigen Gottes. Du bist der Erlöser der Welt, unser Herr und Heiland, der alles vollenden wird.
A: Komm, Herr Jesus, und steh uns bei, dass wir alle Zeit mit dir leben und in das Reich deines Vaters gelangen. Amen.
V: Ehre sei dem Vater und dem Sohn und dem Heiligen Geist,
A: wie im Anfang so auch jetzt und allezeit und in Ewigkeit. Amen.

Gebet

V: Lasst uns beten!
– Stille –

Herr unser Gott,
im Tod und in der Auferstehung unseres Herrn Jesus Christus
hast du uns die Gewissheit gegeben,
dass die Leiden dieser Zeit nicht zu vergleichen sind mit der Herrlichkeit,
die du denen verheißen hast, die deinem Sohn folgen.
Wir empfehlen dir unsere/n Verstorbene/n N.
Gewähre ihr/ihm Verzeihung ihrer/seiner Sünden
und öffne ihr/ihm das Paradies,
wo du für die Deinen allem in allem bist.
Uns aber hilf in der Zeit des Schmerzes und der Trauer.
Gib uns die sichere Hoffnung, dass auch unser Leben sich bei dir vollenden wird
durch unseren auferstandenen Herrn Jesus Christus,
der mit dir lebt und herrscht bis in alle Ewigkeit.
A: Amen.

V: Herr, gib ihr/ihm und allen Verstorbenen die ewige Ruhe.
A: Und das ewige Licht leuchte ihnen.
V: Herr, lass unsere Verstorbenen ruhen in deinem Frieden.
A: Amen.

Lied

Weil du vom Tod erstanden bist (GL 658,3)

ERÖFFNUNG

Lied

Dein Ohr in Huld mir neige (GL 293,2 u. 3)

Gebet

V: Im Namen des Vaters und des Sohnes
und des Heiligen Geistes.
A: Amen.
V: Ich glaube an Gott,
A: den Vater, den Allmächtigen,
den Schöpfer des Himmels und der Erde,
und an Jesus Christus,
seinen eingeborenen Sohn, unsern Herrn,
empfangen durch den Heiligen Geist,
geboren von der Jungfrau Maria,
gelitten unter Pontius Pilatus,
gekreuzigt, gestorben und begraben,
hinabgestiegen in das Reich des Todes,
am dritten Tage auferstanden von den Toten,
aufgefahren in den Himmel;
er sitzt zur Rechten Gottes,
des allmächtigen Vaters;
von dort wird er kommen,
zu richten die Lebenden und die Toten.
Ich glaube an den Heiligen Geist,
die heilige katholische Kirche,
Gemeinschaft der Heiligen,

Vergebung der Sünden,
Auferstehung der Toten
und das ewige Leben. Amen.

V: Ehre sei dem Vater und dem Sohn und dem Heiligen Geist,

A: wie im Anfang, so auch jetzt und allezeit und in Ewigkeit. Amen.

V: Vater unser im Himmel,

A: geheiligt werde dein Name.
Dein Reich komme.
Dein Wille geschehe,
wie im Himmel so auf Erden.
Unser tägliches Brot gib uns heute.
Und vergib uns unsere Schuld,
wie auch wir vergeben unsern Schuldigern.
Und führe uns nicht in Versuchung,
sondern erlöse uns von dem Bösen.

V: Sei gepriesen, Herr Jesus Christus, Sohn des lebendigen Gottes. Du bist der Erlöser der Welt, unser Herr und Heiland, der in uns den Glauben vermehre.

A: Komm, Herr Jesus, und steh uns bei, dass wir alle Zeit mit dir leben und in das Reich deines Vaters gelangen. Amen.

V: Sei gepriesen ... der in uns die Hoffnung stärke.

A: Komm, Herr Jesus, und steh uns bei, dass wir alle Zeit mit dir leben und in das Reich deines Vaters gelangen. Amen.

V: Sei gepriesen ... der in uns die Liebe entzünde.

A: Komm, Herr Jesus, und steh uns bei, dass wir alle Zeit mit dir leben und in das Reich deines Vaters gelangen. Amen.

V: Ehre sei dem Vater und dem Sohn und dem Heiligen Geist,
A: wie im Anfang, so auch jetzt und allezeit und in Ewigkeit. Amen.

1. *Gesätz: Jesus, der für uns das schwere Kreuz getragen hat*

Lied

Du hast das Kreuz auf dich genommen (GL 185,2)

Schriftlesung

Gebet

V: Vater unser im Himmel,
A: geheiligt werde dein Name.
Dein Reich komme.
Dein Wille geschehe,
wie im Himmel so auf Erden.
Unser tägliches Brot gib uns heute.
Und vergib uns unsere Schuld,
wie auch wir vergeben unsern Schuldigern.
Und führe uns nicht in Versuchung,
sondern erlöse uns von dem Bösen.

Es folgt zehnmal:

V: Sei gepriesen, Herr Jesus Christus, Sohn des lebendigen Gottes. Du bist der Erlöser der Welt, unser Herr und Heiland, der für uns das schwere Kreuz getragen hat.
A: Komm, Herr Jesus, und steh uns bei, dass wir alle Zeit mit dir leben und in das Reich deines Vaters gelangen. Amen.

V: Ehre sei dem Vater und dem Sohn und dem Heiligen Geist,
A: wie im Anfang, so auch jetzt und allezeit und in Ewigkeit. Amen.

2. *Gesätz: Jesus, der für uns gekreuzigt worden ist*

Lied

Du wirst, o Herr, ans Kreuz geschlagen (GL 185,11)

Schriftlesung

Gebet

V: Vater unser im Himmel,
A: geheiligt werde dein Name.
Dein Reich komme.
Dein Wille geschehe,
wie im Himmel so auf Erden.
Unser tägliches Brot gib uns heute.
Und vergib uns unsere Schuld,
wie auch wir vergeben unsern Schuldigern.
Und führe uns nicht in Versuchung,
sondern erlöse uns von dem Bösen.

Es folgt zehnmal:

V: Sei gepriesen, Herr Jesus Christus, Sohn des lebendigen Gottes. Du bist der Erlöser der Welt, unser Herr und Heiland, der für uns gekreuzigt worden ist.
A: Komm, Herr Jesus, und steh uns bei, dass wir alle Zeit mit dir leben und in das Reich deines Vaters gelangen. Amen.

V: Ehre sei dem Vater und dem Sohn und dem Heiligen Geist,
A: wie im Anfang, so auch jetzt und allezeit und in Ewigkeit. Amen.

3. Gesätz: Jesus Christus, der von den Toten auferstanden ist

Lied
Verklärt ist alles Leid der Welt (GL 220,2 u. 3)

Schriftlesung

Gebet
V: Vater unser im Himmel,
A: geheiligt werde dein Name.
Dein Reich komme.
Dein Wille geschehe,
wie im Himmel so auf Erden.
Unser tägliches Brot gib uns heute.
Und vergib uns unsere Schuld,
wie auch wir vergeben unsern Schuldigern.
Und führe uns nicht in Versuchung,
sondern erlöse uns von dem Bösen.

Es folgt zehnmal:
V: Sei gepriesen, Herr Jesus Christus, Sohn des lebendigen Gottes. Du bist der Erlöser der Welt, unser Herr und Heiland, der von den Toten auferstanden ist.
A: Komm, Herr Jesus, und steh uns bei, dass wir alle Zeit mit dir leben und in das Reich deines Vaters gelangen. Amen.

V: Ehre sei dem Vater und dem Sohn und dem Heiligen Geist,
A: wie im Anfang, so auch jetzt und allezeit und in Ewigkeit. Amen.

4. *Gesätz: Jesus Christus, der wiederkommen wird in Herrlichkeit*

Lied

Nüchtern und bereit lass uns, Herr, hier leben (GL 568,3)

Schriftlesung

Gebet

V: Vater unser im Himmel,
A: geheiligt werde dein Name.
Dein Reich komme.
Dein Wille geschehe,
wie im Himmel so auf Erden.
Unser tägliches Brot gib uns heute.
Und vergib uns unsere Schuld,
wie auch wir vergeben unsern Schuldigern.
Und führe uns nicht in Versuchung,
sondern erlöse uns von dem Bösen.

Es folgt zehnmal:

V: Sei gepriesen, Herr Jesus Christus, Sohn des lebendigen Gottes. Du bist der Erlöser der Welt, unser Herr und Heiland, der wiederkommen wird in Herrlichkeit.

A: Komm, Herr Jesus, und steh uns bei, dass wir alle Zeit mit dir leben und in das Reich deines Vaters gelangen. Amen.

V: Ehre sei dem Vater und dem Sohn und dem Heiligen Geist,

A: wie im Anfang, so auch jetzt und allezeit und in Ewigkeit. Amen.

5. *Gesätz: Jesus Christus, der alles vollenden wird*

Lied

Komm, du Menschensohn, lass dein Reich erscheinen (GL 568,4)

Schriftlesung

Gebet

V: Vater unser im Himmel,

A: geheiligt werde dein Name.
Dein Reich komme.
Dein Wille geschehe,
wie im Himmel so auf Erden.
Unser tägliches Brot gib uns heute.
Und vergib uns unsere Schuld,
wie auch wir vergeben unsern Schuldigern.
Und führe uns nicht in Versuchung,
sondern erlöse uns von dem Bösen.

Es folgt zehnmal:

V: Sei gepriesen, Herr Jesus Christus, Sohn des lebendigen Gottes. Du bist der Erlöser der Welt, unser Herr und Heiland, der alles vollenden wird.

A: Komm, Herr Jesus, und steh uns bei, dass wir alle Zeit mit dir leben und in das Reich deines Vaters gelangen. Amen.

V: Ehre sei dem Vater und dem Sohn und dem Heiligen Geist,

A: wie im Anfang, so auch jetzt und allezeit und in Ewigkeit. Amen.

ABSCHLUSS

Gebet

V: Herr, gib ihr/ihm und allen Verstorbenen die ewige Ruhe.

A: Und das ewige Licht leuchte ihnen.

V: Herr, lass unsere Verstorbenen ruhen in deinem Frieden.

A: Amen.

Lied

Weil du vom Tod erstanden bist (GL 658,3)

Das gemeinsame Totengebet als Abendlob

Wird das Abendlob mit dem vorgesehenen Lucernar gefeiert, dann versammelt sich die Gemeinde in der dunklen Kirche (vgl. hierzu die Ausführungen im Vorwort). Wird die Lichtdanksagung weggelassen, ist die Kirche normal beleuchtet und die brennende Osterkerze steht sichtbar im Altarraum. Das Abendlob beginnt mit dem Eröffnungsruf, dem dann der Hymnus und die Psalmen folgen.

ERÖFFNUNG

Meditative Musik
Dabei ggf. Einzug der brennenden Osterkerze

LUCERNAR

Eröffnungsruf (vgl. GL 683)
V: Herr, öffne meine Lippen,
A: damit mein Mund dein Lob verkünde.
V: Ehre sei dem Vater und dem Sohn und dem Heiligen Geist,
A: wie im Anfang, so auch jetzt und alle Zeit und in Ewigkeit. Amen.

Jetzt werden die übrigen Kerzen und ggf. die der Teilnehmenden entzündet; danach wird der Hymnus gesungen.

Hymnus
Angelangt an der Schwelle des Abends (GL 701)

oder:

Gesang zur Lichtdanksagung (Melodie: GL 280)

K: Preiset den Herrn, denn er ist gut.
A: Danket dem Herrn, denn er ist gut.

K: Sein Wort ist Licht auf unserem Weg.
A: Danket dem Herrn, denn er ist gut.

K: Er führt die Toten in sein Reich.
A: Danket dem Herrn, denn er ist gut.

K: Er kommt dereinst in Herrlichkeit.
A: Danket dem Herrn, denn er ist gut.

K: Preiset den Herrn, denn er ist gut.
A: Danket dem Herrn, denn er ist gut.

Gebet zur Lichtdanksagung
V: Lasst uns beten!
– Stille –

Wir danken dir, allmächtiger Gott,
denn du hast uns deinen Sohn gesandt.
Er hat dieses Leben gelebt und kennt unsre Ängste,
Sorgen und Nöte.
Ja, selbst das Dunkel des Todes hat er durchlitten.

Doch du hast ihn auferweckt aus dem Tod
und uns so das unvergängliche Licht enthüllt.
Das Licht der Osterkerze kündet die Botschaft,
dass unser Leben nicht in der Finsternis endet,
sondern ins Licht des ewigen Lebens münden wird.
Auch wenn Trauer und Schmerz auf uns lasten,
wollen wir uns aufrichten an dieser Verheißung
in und durch Jesus Christus, unseren auferstandenen Herrn.
A: Amen.

VERKÜNDIGUNG DES WORTES GOTTES

1. Psalm (Ps 116 A, GL 746,2 u. 3)
K: Ich weiß, dass mein Erlöser lebt;
er schafft mich neu am Jüngsten Tag.

A: Ich weiß, dass mein Erlöser lebt;
er schafft mich neu am Jüngsten Tag.

K: Ich liebe den Herrn; *
denn er hat mein lautes Flehen gehört

A: und sein Ohr mir zugeneigt *
an dem Tag, als ich zu ihm rief.

K: Mich umfingen die Fesseln des Todes, /
mich befielen die Ängste der Unterwelt, *
mich trafen Bedrängnis und Kummer.

A: Da rief ich den Namen des Herrn an: *
»Ach, Herr, rette mein Leben!«

K: Der Herr ist gnädig und gerecht, *
unser Gott ist barmherzig.

A: Der Herr behütet die schlichten Herzen; *
ich war in Not, und er brachte mir Hilfe.

K: Komm wieder zur Ruhe, mein Herz! *
Denn der Herr hat dir Gutes getan.

A: Ja, du hast mein Leben dem Tod entrissen, /
meine Tränen getrocknet, *
meinen Fuß bewahrt vor dem Gleiten.

K: So gehe ich meinen Weg vor dem Herrn *
im Land der Lebenden.

A: Ehre sei dem Vater und dem Sohn *
und dem Heiligen Geist,

K: wie im Anfang, so auch jetzt und alle Zeit *
und in Ewigkeit. Amen.

A: Ich weiß, dass mein Erlöser lebt;
er schafft mich neu am Jüngsten Tag.

2. Psalm (Ps 121, GL 752,1 u. 2)
K: Vertraut auf den Herrn; er ist Helfer und Schild.
A: Vertraut auf den Herrn; er ist Helfer und Schild.

K: Ich hebe meine Augen auf zu den Bergen: *
Woher kommt mir Hilfe?

A: Meine Hilfe kommt vom Herrn, *
der Himmel und Erde gemacht hat.

K: Er lässt deinen Fuß nicht wanken; *
er, der dich behütet, schläft nicht.

A: Nein, der Hüter Israels *
schläft und schlummert nicht.

K: Der Herr ist dein Hüter, der Herr gibt dir Schatten; *
er steht dir zur Seite.

A: Bei Tag wird dir die Sonne nicht schaden *
noch der Mond in der Nacht.

K: Der Herr behüte dich vor allem Bösen, *
er behüte dein Leben.

A: Der Herr behüte dich, wenn du fortgehst und
wiederkommst, *
von nun an bis in Ewigkeit.

K: Ehre sei dem Vater und dem Sohn *
und dem Heiligen Geist,

A: wie im Anfang, so auch jetzt und alle Zeit *
und in Ewigkeit. Amen.

A: Vertraut auf den Herrn; er ist Helfer und Schild.

Canticum
Gesät wird in Schwachheit, auferweckt in Kraft (GL 87)

Lesung (Joh 12,44–50)
L: Wir hören eine Lesung aus dem Johannesevangelium.

Jesus (aber) rief aus:
Wer an mich glaubt, glaubt nicht an mich,
sondern an den, der mich gesandt hat,
und wer mich sieht, sieht den, der mich gesandt hat.
Ich bin das Licht, das in die Welt gekommen ist,
damit jeder, der an mich glaubt, nicht in der Finsternis bleibt.

Wer meine Worte nur hört und sie nicht befolgt,
den richte nicht ich;
denn ich bin nicht gekommen, um die Welt zu richten,
sondern um sie zu retten.
Wer mich verachtet und meine Worte nicht annimmt,
der hat schon seinen Richter:
Das Wort, das ich gesprochen habe, wird ihn richten
am Letzten Tag.

Denn was ich gesagt habe, habe ich nicht aus mir selbst,
sondern der Vater, der mich gesandt hat,
hat mir aufgetragen, was ich sagen und reden soll.
Und ich weiß, dass sein Auftrag ewiges Leben ist.
Was ich also sage, sage ich so, wie es mir der Vater gesagt hat.
– Stille –

Wechselgesang (Melodie von GL 679)

V: Christus, du Sohn des lebendigen Gottes,
erbarme dich unser.

A: Christus, du Sohn des lebendigen Gottes,
erbarme dich unser.

V: Du schenkst den Toten das Leben.

A: Erbarme dich unser.

V: Singt das Lob des Vaters und des Sohnes und des
Heiligen Geistes.

A: Christus, du Sohn des lebendigen Gottes,
erbarme dich unser.

Magnificat (GL 194 und GL 689)

K: So sehr hat Gott die Welt geliebt,
dass er seinen Sohn für uns hingab.
Wer an ihn glaubt, hat teil an seinem Leben.

A: So sehr hat Gott die Welt geliebt,
dass er seinen Sohn für uns hingab.
Wer an ihn glaubt, hat teil an seinem Leben.

K: Meine Seele preist die Größe des Herrn, *
und mein Geist ist voll Jubel über Gott, meinen Retter.

A: Denn er hat gnädig auf seine arme Magd geschaut. *
Siehe, von nun an preisen mich selig alle Geschlechter.

K: Denn der Mächtige hat Großes an mir getan, *
und sein Name ist heilig.

A: Er erbarmt sich von Geschlecht zu Geschlecht *
über alle, die ihn fürchten.

K: Er vollbringt mit seinem Arm machtvolle Taten: *
Er zerstreut, die im Herzen voll Hochmut sind;

A: er stürzt die Mächtigen vom Thron *
und erhöht die Niedrigen.

K: Die Hungernden beschenkt er mit seinen Gaben *
und lässt die Reichen leer ausgehen.

A: Er nimmt sich seines Knechtes Israel an *
und denkt an sein Erbarmen,

K: das er unsern Vätern verheißen hat, *
Abraham und seinen Nachkommen auf ewig.

A: Ehre sei dem Vater und dem Sohn *
und dem Heiligen Geist,

K: wie im Anfang, so auch jetzt und alle Zeit *
und in Ewigkeit. Amen.

A: So sehr hat Gott die Welt geliebt,
dass er seinen Sohn für uns hingab.
Wer an ihn glaubt, hat teil an seinem Leben.

Fürbitten

V: Herr Jesus Christus,
du hast Leid und Kreuz auf dich genommen
und den Tod besiegt.
So führst du uns durch das Dunkle in dieser Welt
ins Licht des ewigen Lebens.
Wir bitten dich:

V: Führe unsere verstorbene/unseren verstorbenen NN.
durch das Dunkel des Todes zum Licht des ewigen Lebens.

A: Wir bitten dich, erhöre uns!

V: Vergib alles Versagen, begradige das Krumme und
vollende alles Unfertige.

A: Wir bitten dich, erhöre uns!

V: Sei bei denen, die jetzt trauern, und lass sie Trost finden
im Glauben an die Auferstehung.

A: Wir bitten dich, erhöre uns!

V: Lass auch uns dereinst teilhaben am himmlischen
Hochzeitsmahl.

A: Wir bitten dich, erhöre uns!

Vaterunser

V: Fassen wir jetzt all unsere Bitten in dem Gebet zusammen,
das uns Jesus Christus gelehrt hat:

A: Vater unser im Himmel ...

Segensbitte

V: Der Herr segne uns.
Er bleibe bei uns auf unserem Weg
und führe uns zum ewigen Leben.

A: Amen.

Entlassung

V: Lasst uns gehen in Frieden!

A: Dank sei Gott dem Herrn!

Gesang

»Salve Regina« oder eine andere marianische Antiphon (vgl. GL 570–579)

LUCERNAR

Eröffnungsruf

Herr, öffne meine Lippen (GL 683)

Jetzt werden die übrigen Kerzen entzündet, danach wird der Hymnus gesungen.

Hymnus

Angelangt an der Schwelle des Abends (GL 701)

oder:

Gesang zur Lichtdanksagung (Melodie: GL 280)

K: Preiset den Herrn, denn er ist gut.
A: Danket dem Herrn, denn er ist gut.

K: Sein Wort ist Licht auf unserem Weg.
A: Danket dem Herrn, denn er ist gut.

K: Er führt die Toten in sein Reich.
A: Danket dem Herrn, denn er ist gut.

K: Er kommt dereinst in Herrlichkeit.
A: Danket dem Herrn, denn er ist gut.

K: Preiset den Herrn, denn er ist gut.
A: Danket dem Herrn, denn er ist gut.

VERKÜNDIGUNG DES WORTES GOTTES

1. **Psalm** (Ps 116 A, GL 746,2 u. 3)

K: Ich weiß, dass mein Erlöser lebt; er schafft mich neu am Jüngsten Tag.
A: Ich weiß, dass mein Erlöser lebt; er schafft mich neu am Jüngsten Tag.

K: Ich liebe den Herrn; *
denn er hat mein lautes Flehen gehört

A: und sein Ohr mir zugeneigt *
an dem Tag, als ich zu ihm rief.

K: Mich umfingen die Fesseln des Todes, /
mich befielen die Ängste der Unterwelt, *
mich trafen Bedrängnis und Kummer.

A: Da rief ich den Namen des Herrn an: *
»Ach, Herr, rette mein Leben!«

K: Der Herr ist gnädig und gerecht, *
unser Gott ist barmherzig.

A: Der Herr behütet die schlichten Herzen; *
ich war in Not, und er brachte mir Hilfe.

K: Komm wieder zur Ruhe, mein Herz! *
Denn der Herr hat dir Gutes getan.

A: Ja, du hast mein Leben dem Tod entrissen, /
meine Tränen getrocknet, *
meinen Fuß bewahrt vor dem Gleiten.

K: So gehe ich meinen Weg vor dem Herrn *
im Land der Lebenden.

A: Ehre sei dem Vater und dem Sohn *
und dem Heiligen Geist,

K: wie im Anfang, so auch jetzt und alle Zeit *
und in Ewigkeit. Amen.

A: Ich weiß, dass mein Erlöser lebt; er schafft mich neu am Jüngsten Tag.

2. **Psalm** (Ps 121, GL 752,1 u. 2)
K: Vertraut auf den Herrn; er ist Helfer und Schild.
A: Vertraut auf den Herrn; er ist Helfer und Schild.

K: Ich hebe meine Augen auf zu den Bergen: *
Woher kommt mir Hilfe?

A: Meine Hilfe kommt vom Herrn, *
der Himmel und Erde gemacht hat.

K: Er lässt deinen Fuß nicht wanken; *
er, der dich behütet, schläft nicht.

A: Nein, der Hüter Israels *
schläft und schlummert nicht.

K: Der Herr ist dein Hüter, der Herr gibt dir Schatten; *
er steht dir zur Seite.

A: Bei Tag wird dir die Sonne nicht schaden *
noch der Mond in der Nacht.

K: Der Herr behüte dich vor allem Bösen, *
er behüte dein Leben.

A: Der Herr behüte dich, wenn du fortgehst und
wiederkommst, *
von nun an bis in Ewigkeit.

K: Ehre sei dem Vater und dem Sohn *
und dem Heiligen Geist,

A: wie im Anfang, so auch jetzt und alle Zeit *
und in Ewigkeit. Amen.

A: Vertraut auf den Herrn; er ist Helfer und Schild.

Canticum
Gesät wird in Schwachheit, auferweckt in Kraft (GL 87)

Lesung

ANTWORT DER GEMEINDE

Wechselgesang (Melodie von GL 679)

V: Christus, du Sohn des lebendigen Gottes,
erbarme dich unser.

A: Christus, du Sohn des lebendigen Gottes,
erbarme dich unser.

V: Du schenkst den Toten das Leben.

A: Erbarme dich unser.

V: Singt das Lob des Vaters und des Sohnes und des Heiligen Geistes.

A: Christus, du Sohn des lebendigen Gottes,
erbarme dich unser.

Magnificat (GL 194 und GL 689)

K: So sehr hat Gott die Welt geliebt, dass er seinen Sohn für uns hingab.
Wer an ihn glaubt, hat teil an seinem Leben.

A: So sehr hat Gott die Welt geliebt,
dass er seinen Sohn für uns hingab.
Wer an ihn glaubt, hat teil an seinem Leben.

K: Meine Seele preist die Größe des Herrn, *
und mein Geist ist voll Jubel über Gott, meinen Retter.

A: Denn er hat gnädig auf seine arme Magd geschaut. *
Siehe, von nun an preisen mich selig alle Geschlechter.

K: Denn der Mächtige hat Großes an mir getan, *
und sein Name ist heilig.

A: Er erbarmt sich von Geschlecht zu Geschlecht *
über alle, die ihn fürchten.

K: Er vollbringt mit seinem Arm machtvolle Taten: *
Er zerstreut, die im Herzen voll Hochmut sind;

A: er stürzt die Mächtigen vom Thron *
und erhöht die Niedrigen.

K: Die Hungernden beschenkt er mit seinen Gaben *
und lässt die Reichen leer ausgehen.

A: Er nimmt sich seines Knechtes Israel an *
und denkt an sein Erbarmen,

K: das er unsern Vätern verheißen hat, *
Abraham und seinen Nachkommen auf ewig.

A: Ehre sei dem Vater und dem Sohn *
und dem Heiligen Geist,

K: wie im Anfang, so auch jetzt und alle Zeit *
und in Ewigkeit. Amen.

A: So sehr hat Gott die Welt geliebt, dass er seinen Sohn
für uns hingab.
Wer an ihn glaubt, hat teil an seinem Leben.

Fürbitten

Die Gebetsbitte lautet:

A: Wir bitten dich, erhöre uns.

Vaterunser

V: Fassen wir jetzt all unsere Bitten in dem Gebet zusammen, das uns Jesus Christus gelehrt hat:

A: Vater unser im Himmel,
geheiligt werde dein Name.
Dein Reich komme.
Dein Wille geschehe,
wie im Himmel so auf Erden.
Unser tägliches Brot gib uns heute.
Und vergib uns unsere Schuld,
wie auch wir vergeben unsern Schuldigern.
Und führe uns nicht in Versuchung,
sondern erlöse uns von dem Bösen.
Denn dein ist das Reich
und die Herrlichkeit,
in Ewigkeit. Amen.

ABSCHLUSS

Segensbitte

Entlassung

V: Lasst uns gehen in Frieden!

A: Dank sei Gott dem Herrn!

Gesang

Marianische Antiphon

Das Gemeinsame Totengebet auf dem Friedhof

In den Veröffentlichungen und Vermeldungen für diesen Gottesdienst auf dem Friedhof wird die Gemeinde dazu eingeladen, die Grablichter zum Gottesdienst mitzubringen und sie an der Osterkerze zu entzünden als Bekenntnis des Auferstehungsglaubens. Wo es Brauch ist, kann danach auch die Gräbersegnung vorgenommen werden.
Es ist ein weithin üblicher Brauch, in diesem Gottesdienst die Namen der Verstorbenen, die im zurückliegenden Jahr verstorben sind, zu verlesen. Hier geschieht dies in drei Teilen, jeweils kombiniert mit einem Schrifttext und einem Musikstück. Es reicht aus, wenn der Name, das Alter und der Sterbetag eines jeden Verstorbenen genannt werden.

ERÖFFNUNG

Meditative Musik
Wo eine Instrumentengruppe teilnehmen kann, beginnt die Feier mit einem passenden Choral.

V: Beginnen wir diesen Gottesdienst im Namen des Vaters und des Sohnes und des Heiligen Geistes.
A: Amen.

Begrüßung
Ich begrüße Sie alle, die Sie zu diesem Gottesdienst gekommen sind.

Die Trauer, das Gedenken an jene, die uns in ihrem Leben nahe standen, führt uns hier zusammen. Das Gedenken an jene, die ihr Leben beendet und die – wie wir glauben – von Gott ewiges Leben erhalten haben.

»Es ist der Lauf der Dinge«, »der Tod gehört zum Leben«, »jeder muss sterben« – all diese Wahrheiten, die wir manches Mal so leichthin aussprechen, sie vermögen dann nicht zu tragen, wenn wir einen Menschen begraben haben, der uns ans Herz gewachsen war und der ein Stück von uns mit ins Grab genommen hat. Wohl deswegen bricht jedes Mal neu am Grab in uns auf, was wohl als Ursehnsucht in unserem Herzen liegt: »Das kann doch nicht alles gewesen sein!«

Der Glaubende sieht in Jesu Auferstehung verwirklicht, was jeder im Herzen ahnt. Christinnen und Christen glauben dem Wort des Herrn, dass jeder, der an ihn glaubt, wirkliches und ewiges Leben hat, auch wenn das dem Verstand nur schwer begreifbar ist. Wir glauben, dass unsere Lieben nicht im Tode bleiben, weil er nicht im Tod geblieben ist. Wir glauben, dass sie und wir zu ewigem Leben auferstehen, weil Gott ihn von den Toten auferweckt hat.

So wollen wir jetzt hier an der Stätte des Todes unsere Auferstehungshoffnung bekennen, und ich lade Sie ein, mitzusingen: »Wenn ich vergessen bin und vergangen, wirst du mich bergen in deiner Treue«, denn: »Weder Tod noch Leben trennen uns von Gottes Liebe«!

Lied
Weder Tod noch Leben (GL 663,1 u. 2)

Gebet

V: Lasst uns beten!

– Stille –

Allmächtiger Gott, wir bitten dich,
nimm unsere verstorbenen Schwestern und Brüder auf
in deinen Frieden.
Uns aber bestärke in der Zuversicht,
dass du uns in diesem Leben führst
und am Ende für uns Ziel und Anfang bist,
durch Jesus Christus, unseren Herrn.

A: Amen.

VERKÜNDIGUNG DES WORTES GOTTES

V: Jetzt wollen wir der Toten gedenken, die seit dem letzten Allerheiligenfest (Allerseelentag) aus unserer Gemeinde in die Ewigkeit hineingestorben sind.

1. Lektor: Namen der Verstorbenen (1. Teil)

2. Lektor:

Lesung aus dem Buch der Weisheit (Weish 3,1–9):

Die Seelen der Gerechten sind in Gottes Hand,
und keine Qual kann sie berühren.
In den Augen der Toren sind sie gestorben,
ihr Heimgang gilt als Unglück,
ihr Scheiden von uns als Vernichtung;
sie aber sind in Frieden.
In den Augen der Menschen wurden sie gestraft;

doch ihre Hoffnung ist voll Unsterblichkeit.
Ein wenig nur werden sie gezüchtigt;
doch sie empfangen große Wohltat.
Denn Gott hat sie geprüft und fand sie seiner würdig.
Wie Gold im Schmelzofen hat er sie erprobt
und sie angenommen als ein vollgültiges Opfer.
Beim Endgericht werden sie aufleuchten wie Funken,
die durch ein Stoppelfeld sprühen.
Sie werden Völker richten und über Nationen herrschen,
und der Herr wird ihr König sein in Ewigkeit.
Alle, die auf ihn vertrauen, werden die Wahrheit erkennen,
und die Treuen werden bei ihm bleiben in Liebe.
Denn Gnade und Erbarmen wird seinen Erwählten zuteil.

Musikstück oder Stille

1. Lektor: weitere Namen der Verstorbenen (2. Teil)

2. Lektor:
Lesung aus dem ersten Korintherbrief
(1 Kor 15,35–37a.38a.42–44):

Nun könnte einer fragen:
Wie werden die Toten auferweckt,
was für einen Leib werden sie haben?
Was für eine törichte Frage!
Auch das, was du säst,
wird nicht lebendig, wenn es nicht stirbt.
Und was du säst,
hat noch nicht die Gestalt, die entstehen wird.
Gott gibt ihm die Gestalt, die er vorgesehen hat.

So ist es auch mit der Auferstehung der Toten.
Was gesät wird, ist verweslich,
was auferweckt wird, unverweslich.
Was gesät wird, ist armselig,
was auferweckt wird, herrlich.
Was gesät wird, ist schwach,
was auferweckt wird, ist stark.
Gesät wird ein irdischer Leib,
auferweckt ein überirdischer Leib.
Wenn es einen irdischen Leib gibt,
gibt es auch einen überirdischen.

Musikstück oder Stille

1. Lektor: weitere Namen der Verstorbenen (3. Teil)

2. Lektor:
Lesung aus dem Johannesevangelium (Joh 14,1–3):
Euer Herz lasse sich nicht verwirren.
Glaubt an Gott, und glaubt an mich!
Im Haus meines Vaters gibt es viele Wohnungen.
Wenn es nicht so wäre,
hätte ich euch dann gesagt:
Ich gehe, um einen Platz für euch vorzubereiten?
Wenn ich gegangen bin
und einen Platz für euch vorbereitet habe,
komme ich wieder
und werde euch zu mir holen,
damit auch ihr dort seid, wo ich bin.

Musikstück oder Stille

Meditation

Herr,
du bist kein Gott der Toten,
in dir leben alle, die gestorben sind. –

Vor dir gedenken wir derer, die wir geliebt haben,
derer, die einen Platz in unserem Herzen behalten. –

Vor unserem Auge ziehen auch jene vorüber,
die in irgendeiner Weise eine Rolle gespielt haben in
unserem Leben.
Solche, denen wir Unrecht taten,
solche, denen wir etwas schuldig geblieben sind,
solche, die uns das Leben schwer gemacht haben –
und viele, deren Namen wir nicht einmal mehr wissen.

Dass alle in deiner Hand gehalten sind,
das glauben und hoffen wir für sie und für uns.
Dass du vergelten mögest, was zu lohnen ist,
und auffüllst, was an Lücken zu schließen ist,
das erhoffen wir für sie und für uns.
Dass du alles Trennende beseitigen,
alle Fehler verzeihen
und ewigen Frieden schenken kannst,
das erbitten wir,
das erhoffen und glauben wir für sie und für uns.

Sei mit deiner Lebenskraft bei unseren Toten,
und führe auch uns mit deiner Lebenskraft zum
Wiedersehen mit ihnen,
durch deinen Sohn, unseren Herrn Jesus Christus,
der wiederkommen wird,

um aufzurichten, was darniederliegt –
und der uns heimholen wird zu dir, unserem Vater.

ANTWORT DER GEMEINDE

Wechselgesang
Gesät wird in Schwachheit, auferweckt in Kraft (GL 87)

Zeichenhandlung – Osterlicht
Wer am Anfang eines langen dunklen Tunnels steht, für den ist eine brennende Kerze am anderen Ende nur bedingt eine Hilfe. Denn diese Lichtquelle reicht nicht aus, den Weg zu erhellen. Jeder Schritt muss sich durch das Dunkle tasten. Aber die Augen haben einen Punkt, der die Richtung zu erkennen gibt.

So ist es auch mit unserer Auferstehungshoffnung. Symbolisiert im Licht der Osterkerze leuchtet sie am anderen Ende des langen dunklen Tunnels des Todes. Das Licht der Auferstehungsbotschaft reicht nicht aus, den Weg dorthin hell und verstehbar zu machen. Mancher unserer Schritte wird sich unsicher nach vorne tasten. Aber wir haben einen Punkt, der uns die Richtung zeigt, einen Zielpunkt, auf den wir zugehen können.

Als Ausdruck unserer Auferstehungshoffnung entzünden wir jetzt unsere Grablichter am Licht der Osterkerze. Wir stellen sie dann auf die Gräber unsrer Lieben, weil wir fest darauf vertrauen, dass Gott, der Herr, ihnen das ewige Licht leuchten lässt.

V: Allmächtiger Gott!
Wir stellen unsre Grablichter als Bekenntnis unseres Auferstehungsglaubens
auf die Gräber unserer Lieben.

Stärke du unseren Glauben,
dass auch wir unterwegs sind
zu unserem ewigen Ziel bei dir,
durch Jesus Christus, unseren Herrn.

A: Amen.

Zeichenhandlung – Gräbersegnung

Wo es üblich ist, die Gräber mit Weihwasser (und Weihrauch) zu segnen, folgt jetzt die Prozession durch den Friedhof. Die/der Gottesdienstbeauftragte spricht zuvor:

V: Nun segnen wir die Gräber unserer Toten mit geweihtem Wasser (und Weihrauch). Dabei beten wir, dass Gott, der barmherzige Vater, an unseren Verstorbenen vollende, was er an ihnen in der Taufe aus Wasser und Heiligem Geist begonnen hat (vgl. Benediktionale S. 75).

Lied

O Licht der wunderbaren Nacht (GL 208,1–3)

Fürbitten

V: Wir wollen jetzt beten für alle Toten,
dass sie in Gott die Erfüllung
ihres Suchens und Mühens finden,
die Verzeihung ihrer Sünden
und die entgültige Antwort auf all ihre Fragen. –
Christus, höre uns!

A: Christus, erhöre uns!

V: Wir wollen beten für die Gefallenen in den Kriegen,
für die Opfer von Gewalt und Terror,
von Naturkatastrophen und Unfällen,

ergänze du in deiner großen Liebe, was ihnen fehlt,
und führe sie in deinen Frieden. –
Christus, höre uns!
A: Christus, erhöre uns!

V: Wir wollen beten für unsere verstorbenen Angehörigen
und für alle, die uns nahe standen,
dass das Gute, das sie gesagt und getan haben, Frucht trage,
und dass wir ihnen in Dankbarkeit verbunden bleiben. –
Christus, höre uns!
A: Christus, erhöre uns!

V: Beten wir für unsere verstorbenen Bischöfe,
Priester und Ordensleute
und für alle, die über die Generationen hinweg
diesen Ort und seine Menschen geprägt haben,
lass sie von Angesicht zu Angesicht schauen,
was sie geglaubt, verkündet und zu leben
versucht haben. –
Christus, höre uns!
A: Christus, erhöre uns!

V: Beten wir auch für jene Toten,
an deren Gräbern keiner mehr weint,
die längst in Vergessenheit geraten sind,
lass sie für immer in deiner Liebe geborgen sein. –
Christus, höre uns!
A: Christus, erhöre uns!

V: Lasst uns dafür beten,
dass die Trauernden sich aufrichten im Glauben und in
der Hoffnung,

dass die Einsamen und Verlassenen Menschen begegnen,
die ihnen weiterhelfen,
dass Verzweifelte aus deiner Verheißung Mut und Zuversicht schöpfen. –
Christus, höre uns!

A: Christus, erhöre uns!

V: Beten wir für alle,
die an die Auferstehung der Toten glauben,
beten wir für alle,
die nicht glauben, aber nach dem Sinn des Lebens fragen,
und beten wir für alle,
die unbekümmert in den Tag hinein leben. –
Christus, höre uns!

A: Christus, erhöre uns!

V: Beten wir für alle, die dem Tod nahe sind,
ob sie darum wissen oder nichts ahnen,
dass Gott sie bereit finde
und sie vom Tod zum Leben führe. –
Christus, höre uns!

A: Christus, erhöre uns!

V: Beten wir zuletzt auch für uns selbst,
dass wir unser Leben als Gabe und Aufgabe annehmen
und unseren Tod nicht als Ende verstehen,
sondern lernen, ihn als Neubeginn in Gott zu begreifen. –
Christus, höre uns!

A: Christus, erhöre uns!

V: Um all das beten wir durch Jesus Christus, unseren Herrn.

A: Amen.

Segensbitte

Gott, der allmächtige Vater,
der in Christus einen neuen Bund mit uns geschlossen hat,
bleibe uns treu.

Er, der Christus der Macht des Todes entriss,
stehe uns bei im Zweifel.
Er sei uns nahe im Sterben
Und gebe uns Hoffnung auf ewiges Leben.

Der Heilige Gott,
der seinen Sohn zum Herrn über Lebende und Tote bestellt hat,
sei uns gnädig am Tage unseres Todes.
Er führe unsere Verstorbenen und uns selber
zum Gastmahl des ewigen Lebens.

So segne uns der gute und barmherzige Gott,
der Vater, der Sohn und der Heilige Geist.
A: Amen.

Meditative Musik oder Gesang

Lied: Verklärt ist alles Leid der Welt (GL 220,2–4)

GEMEINDEBLATT

ERÖFFNUNG

Meditative Musik

Begrüßung

Lied
Weder Tod noch Leben (GL 663,1 u. 2)

Gebet

VERKÜNDIGUNG DES WORTES GOTTES

Jetzt werden die Namen der im letzten Jahr Verstorbenen verlesen. Abschnitte der Heiligen Schrift verkünden die Auferstehungsbotschaft.

Meditation

ANTWORT DER GEMEINDE

Wechselgesang
Gesät wird in Schwachheit, auferweckt in Kraft (GL 87)

Zeichenhandlung

Die Grablichter werden an der Osterkerze entzündet und dann auf die Gräber gestellt.

Danach werden die Gräber gesegnet.

Lied

O Licht der wunderbaren Nacht (GL 208,1–3)

Fürbitten

Die Gebetsbitte lautet:

V: Christus, höre uns!

A: Christus, erhöre uns!

ABSCHLUSS

Segensbitte

Meditative Musik oder Gesang

Lied: Verklärt ist alles Leid der Welt (GL 220,2–4)

Zeichenhandlungen

LICHTFEIER (LUCERNAR)

Das abendliche Totengebet kann mit einem Lucernar eröffnet werden. Die Gemeinde versammelt sich in der dunklen Kirche, jeder mit einer noch nicht entzündeten Kerze. Zu Beginn wird die brennende Osterkerze in die Kirche getragen und sichtbar vor der Gemeinde aufgestellt. Dies kann in Stille geschehen oder von meditativer Musik begleitet werden. Nach der liturgischen Eröffnung werden die übrigen Kerzen und ggf. die der Teilnehmenden entzündet. Danach folgt ein passender Hymnus und die Lichtdanksagung.

Meditative Musik
Währenddessen Einzug der brennenden Osterkerze

Liturgischer Gruß – Lichtruf als Eröffnung des Gottesdienstes
Die Leiterin/Der Leiter wendet sich an den Stufen zum Altar der Gemeinde zu mit dem Ruf:

V: Im Namen unseres Herrn Jesus Christus: Licht und Frieden.
A: Dank sei Gott.

Dieser Ruf sollte möglichst gesungen werden (Melodie siehe Wort-Gottes-Feier. Werkbuch für die Sonn- und Festtage, S. 191). Möglich ist auch der Eröffnungsruf aus der Vesper (GL 683). Jetzt werden die übrigen Kerzen und ggf. die der Teilnehmenden entzündet.

Hymnus
Du höchstes Licht, du ewger Schein (GL 557)

oder:

Gesang zur Lichtdanksagung (Melodie: GL 280)
K: Preiset den Herrn, denn er ist gut.
A: Danket dem Herrn, denn er ist gut.

K: Sein Wort ist Licht auf unserem Weg.
A: Danket dem Herrn, denn er ist gut.

K: Er führt die Toten in sein Reich.
A: Danket dem Herrn, denn er ist gut.

K: Er kommt dereinst in Herrlichkeit.
A: Danket dem Herrn, denn er ist gut.

K: Preiset den Herrn, denn er ist gut.
A: Danket dem Herrn, denn er ist gut.

Gebet zur Lichtdanksagung
V: Lasset uns beten!
– Stille –

Wir danken dir, allmächtiger Gott.
Du hast uns deinen Sohn gesandt.
Er hat dieses Leben gelebt und kennt unsre Ängste, Sorgen und Nöte.
Ja selbst das Dunkel des Todes hat er durchlitten.
Doch du hast ihn auferweckt aus dem Tod
und uns so das unvergängliche Licht enthüllt.

Das Licht der Osterkerze kündet die Botschaft,
dass unser Leben nicht in der Finsternis enden,
sondern ins Licht des ewigen Lebens münden wird.
Auch wenn Trauer und Schmerz auf uns lasten,
wollen wir uns aufrichten an dieser Verheißung
in und durch Jesus Christus, unseren auferstandenen Herrn.
A: Amen.

Jetzt folgt die Verkündigung des Wortes Gottes.

WEIHRAUCHOPFER

Sinnvoll ist es, das Weihrauchopfer im Gottesdienstteil »ANTWORT AUF DAS WORT GOTTES« einzufügen. Dabei kann diese Zeichenhandlung als ein eigenständiger Teil oder als begleitende Handlung, etwa zusammen mit dem Fürbittgebet, vollzogen werden. Vorzubereiten sind eine Weihrauchschale oder ein Rauchfass, glühende Kohlen und ein Gefäß mit Weihrauchkörnern. Die Schale (das Rauchfass) wird für die Gemeinde sichtbar aufgestellt.

1. Eigenständige Zeichenhandlung[2]

Die Leiterin/Der Leiter lädt zum Lobpreis ein, alle erheben sich.

V: Wie der Weihrauch zum Himmel aufsteigt,
so mögen sich auch unsre Herzen zu Gott erheben
und unser Gebet zu ihm emporsteigen.

T.: Ps 141,2a.8a
M.: Antiphonale zum Stundengebet 1979
© Deutsches Liturgisches Institut, Trier

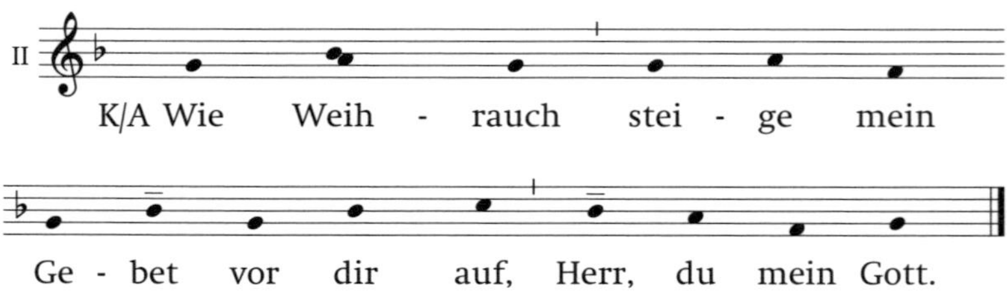

2 Vgl. hierzu: Das Werkbuch »Wort-Gottes-Feier« (siehe Literaturverzeichnis) S. 196ff.

Dann spricht die Leiterin/der Leiter:

V: Herr, unser Gott,
zu deiner Ehre haben wir den Weihrauch entzündet.
Wie er zum Himmel aufsteigt, so steige unser Gebet zu dir.
Nimm es an und höre unser Gebet.

A: Wie Weihrauch steige ...

Ggf. wird bei jedem Ruf Weihrauch aufgelegt.

V: Gott, unser Vater,
wir rufen zu dir und bitten dich für unsere verstorbene/
unseren verstorbenen NN.
Verzeihe ihr/ihm ihre/seine Sünden
und nimm sie/ihn auf in dein Reich.

A: Wie Weihrauch steige ...

V: Uns aber, die wir vor dir stehen,
bleibe zugewandt und halte uns in deiner Hand.
Durch unseren Herrn Jesus Christus
sei dir dieser Lobpreis dargebracht,
jetzt in dieser Stunde und alle Tage unseres Lebens.

A: Wie Weihrauch steige ...

2. Ins Fürbittgebet integrierte Zeichenhandlung

Vor der Einleitung zu den Fürbitten wird die Zeichenhandlung durch die Leiterin/den Leiter eröffnet mit dem Ruf:

V: Wie der Weihrauch zum Himmel aufsteigt,
so mögen sich auch unsre Herzen zu Gott erheben
und unser Gebet zu ihm emporsteigen.

Nun legt die Leiterin/der Leiter Weihrauchkörner auf die Kohlen. Dabei singt die Kantorin/der Kantor den Versikel (Melodie siehe im Werkbuch »Wort-Gottes-Feier« S. 197):

K: Wie Weihrauch steige mein Gebet vor dir auf, Herr,
du mein Gott.
A: Wie Weihrauch steige mein Gebet vor dir auf, Herr,
du mein Gott.

Jetzt folgen die Fürbitten. Es ist ein ausdrucksvolles Zeichen, wenn bei jeder Fürbitte Weihrauch aufgelegt und als Anrufung der Versikel von der Gemeinde gesungen wird.

BILD DER VERSTORBENEN/ DES VERSTORBENEN

Es ist weithin üblich geworden, bei Trauerfeierlichkeiten das Bild der Verstorbenen/des Verstorbenen gut sichtbar für die Versammelten aufzustellen. Wenn dies beim Totengebet geschieht, sollte bei der Platzierung und Ausgestaltung genau darauf geachtet werden, dass dieses Bild nicht zur Verehrung, sondern nur zum augenfälligen Gedenken aufgestellt wird.

Folgende Gestaltungsmöglichkeiten bieten sich an:

(1) Gut sichtbar, möglichst vor den Stufen zum Chor, aber nicht in der Mitte steht ein Ständer für das Bild der Verstorbenen/des Verstorbenen bereit. Wo es üblich ist, kann eine Trauerschleife angebracht werden. Auf weiteren Schmuck sollte verzichtet werden, damit der Unterschied zur Osterkerze und deren Bedeutung deutlich bleibt.
(2) Die Osterkerze sollte deutlich höher und in der Mitte vor dem Altar stehen. Sie könnte, wenn dies gewollt ist, geschmückt sein.
(3) Das Bild der Verstorbenen/des Verstorbenen kann beim Einzug mitgetragen werden und wird während des Eröffnungsgesanges auf den vorbereiteten Ständer gestellt. Dies kann durch einen Angehörigen geschehen.
(4) Ein sinnvolles Zeichen ist es, wenn nach der Verkündigung des Wortes Gottes ein an der Osterkerze entzündetes Licht vor das Bild getragen und dort aufgestellt wird.

Text- und Gesangselemente

ORATIONEN

Herr, unser Gott,
dein Sohn hat wie wir auf dieser Erde gelebt
in Freude und Leid.
Auch sein Leben war ein ständiges Sterben
bis hin zum Kreuz.
In seinem Tod hat er unseren Tod mitgetragen
und in seiner Auferstehung hat er den Tod überwunden.
Hilf uns,
Christus in unserem Leben so entgegenzugehen,
dass auch wir mit ihm auferstehen,
zusammen mit allen,
die schon in die Ewigkeit hineingestorben sind.
Darum bitten wir durch Jesus Christus, unseren Herrn.
Amen.

Gott und Vater aller Menschen,
du bist kein Gott der Toten,
sondern ein Gott der Lebenden.
Bei dir leben alle, die schon gestorben sind.
Darum beten wir für alle,
die über den Tod hinaus einen Platz in unserem Herzen
behalten.

Wir bitten dich,
dass du sie in deiner Hand geborgen hältst.
Darum bitten wir durch Jesus Christus, unseren Herrn.
Amen.

Gott, unser Vater,
über einer Welt von Gräbern steht das Kreuz deines Sohnes.
Es verbindet alle Menschen,
alles Leid, alle Trauer und allen Schmerz.
Wenn wir deine Wege auch nicht verstehen können,
so vertrauen wir doch der Botschaft deines Sohnes,
dass die Seinen von deiner väterlichen Liebe umgriffen sind.
So beten wir in dieser Stunde für NN.
Nimm sie/ihn auf
und lass sie/ihn auf ewig bei dir geborgen sein.
Darum bitten wir durch Jesus Christus, unseren Herrn.
Amen.

Allmächtiger Gott,
du hast uns erschaffen und ins Leben gerufen.
Durch deinen Sohn Jesus Christus hast du uns erlöst
und willst allen, die an ihn glauben,
ewiges Leben schenken.
So tragen wir im Gebet das Leben von NN. vor dich hin.
Vollende du, was du in der Taufe begonnen hast,
denn du bist unser aller Vater.
Darum bitten wir durch Jesus Christus, unseren Herrn.
Amen.

Ewiger Gott und Vater, Herr des Lebens.
Der Tod von NN. erfüllt uns mit Schmerz
und stellt uns vor viele Fragen.

Wir versuchen zu glauben,
dass auch das Unverstehbare sich einfügt
in einen großen Sinnzusammenhang bei dir.
Wir hoffen und beten,
dass ihr/sein Leben und Mühen nicht umsonst war,
und wir bitten dich:
schenke du ihr/ihm jetzt in deiner Treue
eine unzerstörbare Zukunft bei dir.
Uns aber gib Halt im Glauben an die Auferstehung.
Darum bitten wir durch Jesus Christus, unseren Herrn.
Amen.

Unfassbarer ewiger Gott,
du hast uns erschaffen,
und doch kennen wir dich nicht.
Niemand liebt uns so wie du,
und dennoch bist du uns oft so fremd.
Deine Gedanken sind unergründlich
und deine Wege unbegreiflich.
Hilf uns,
dir auch im größten Schmerz und in der größten Not
zu vertrauen
und deinem Wort zu trauen,
das uns Zukunft und Leben verheißt
und Gemeinschaft mit all denen, die schon gestorben sind.
Eben darum bitten wir durch Jesus Christus, unseren Herrn.
Amen.

SCHRIFTTEXTE UND ANTWORT DER GEMEINDE

Anstelle der angeführten Schriftstellen sind auch jene möglich, die im Lektionar für die Feier der Sterbegottesdienste zur Auswahl angeboten werden (Messlektionar VII, S. 401ff.). Dabei muss nicht grundsätzlich auf unterschiedliche Perikopen bei Totengebet und Sterbegottesdienst geachtet werden. Je nach Situation kann es durchaus sinnvoll sein, die Schrifttexte des Totengebets auch im Sterbegottesdienst zu lesen.

ANTWORT DER GEMEINDE

Lied: Ich steh vor dir mit leeren Händen, Herr (GL 621)

Der Lobgesang des Simeon (GL 700)

◊ Psalm 22 (Gottverlassenheit und Heilsgewissheit. GL 715, 716)

◊ Psalm 42 (Sehnsucht nach dem lebendigen Gott. GL 726,2)

◊ Psalm 77 (Gottes Weg mit seinem Volk. GL 734)

◊ Psalm 122 (Wallfahrt nach Jerusalem. GL 692)

◊ Psalm 130 (Aus tiefer Not. GL 191)

◊ Psalm 139 (Der Mensch vor dem allwissenden Gott. GL 755)

◊ Hymnus (aus der Laudes vom Mittwoch der IV. Woche):

Du Gott des Lichts, dem Vater gleich,
du Licht, dem unser Licht entspringt,
du ewger Tag: hör unser Flehn,
das aus der Nacht zum Himmel dringt.

Entreiße uns der Finsternis
und aller Angst und Erdennacht,
streif ab von uns die Müdigkeit,
die uns zum Glauben träge macht.

Du, Christus, bist das Licht der Welt,
der Gott, dem gläubig wir vertraun,
auf den im Dunkel dieser Zeit
wir alle unsre Hoffnung baun.

Aus ganzem Herzen preisen wir
dich, Christus, Herr der Herrlichkeit,
der mit dem Vater und dem Geist
uns liebt in alle Ewigkeit. Amen.

Totengebet – Buch des Lebens
Das Lebensbuch von NN. ist zugeschlagen.
Es ist ihr/sein eigenes Buch voller Erfahrungen und Bilder.
Manche Seiten darin kennen wir,
die einen mehr, die anderen weniger.
In unterschiedlicher Form und Nähe haben wir
manche Seiten mit beschrieben.
Dennoch war es ihr/sein Lebensbuch.
Keiner von uns kennt alles, was darin steht,
selbst wenn wir noch so nahe und lange mit ihr/ihm
zusammengelebt haben.
Denn auch die Fragen und Sehnsüchte,
die Hoffnungen und das Unausgesprochene:
All das ist enthalten im Buch des Lebens.
Und dieses Buch ist jetzt geschlossen.

Aber einer kennt den Inhalt dieses Buches,
während wir nur aus der Erinnerung leben.
Es ist unser Gott.
Der Gott des Lebens von Anfang an.
Der Gott des Lebens jeden Tag und jeden Augenblick.
Der Gott des Lebens auch in dunklen Stunden.
Der Gott des Lebens auch und gerade über den Tod hinaus.

Dieser Gott sieht tiefer und liebt mehr, als wir das vermögen.

Dieser Gott des Lebens, darauf vertrauen wir,
hat NN. in das göttliche Buch
des ewigen Lebens eingeschrieben.

In Anlehnung an Psalm 90

Zu wem könnten wir gehen,
wenn nicht zu dir? –
In einer Welt, bestimmt vom Werden und Vergehen,
bist du unsere einzige Hoffnung.

Von Anfang an bist du –
und nichts ist ohne deinen Willen.
Du führst uns bis zum Tod –
und du rufst uns wieder aus dem Tod.

Vor dir, Herr, bedenken wir unser Leben,
denn rasch geht es dahin. –
Die Dauer ist ohne Belang –
und keiner kann sie verändern.

Doch jeden Tag zu gestalten
und jede Tat zu verantworten
vor dir, unserem Schöpfer,
das ist uns aufgetragen.

Mache kurz die Zeit unserer Trauer –
und lass dankbare Erinnerung wachsen.
Lass uns unsre Tage zählen,
damit wir ein weises Herz gewinnen.

Wende dich uns zu, du guter Gott,
und lass das Werk unserer Hände gelingen.
Bleibe bei uns, bis ans Ende unsrer Tage
und segne, was wir zu tun beginnen,

ja, segne unser Leben, Herr.

Meditation – Halte uns in deiner Hand

Herr,
du bist kein Gott der Toten,
in dir leben alle, die gestorben sind.

Vor dir gedenken wir der Verstorbenen/des Verstorbenen,
die/den wir geliebt haben,
und die/der einen Platz in unserem Herzen behält.

Dass sie/er von deiner Hand gehalten ist,
das glauben und hoffen wir für sie/ihn und für uns.

Dass du vergelten mögest, was zu lohnen ist,
und auffüllst, was an Lücken zu schließen ist,
das erhoffen wir für sie/ihn und für uns.

Dass du alles Trennende beseitigen,
alle Fehler verzeihen
und ewigen Frieden schenken kannst,
das erbitten wir,
das erhoffen und glauben wir für sie/ihn und für uns.

Sei mit deiner Lebenskraft bei NN.,
und führe auch uns mit deiner Lebenskraft
zum Wiedersehen mit ihr/ihm,
durch deinen Sohn, unseren Herrn Jesus Christus,
der wiederkommen wird,
um aufzurichten, was darniederliegt,
und der uns heimholen wird zu dir, unserem Vater.

LIEDER UND GESÄNGE

Neben den Liedern und Gesängen, die das Gotteslob unter der Rubrik »Tod und Vollendung« anbietet, sollte auch auf Lieder und Gesänge anderer Rubriken geschaut werden. Gerade einzelne Strophen können gut das Wort der Schrift und das Beten vertiefen und ergänzen. Hierfür ein paar Hinweise:

Zur Rubrik »Osterzeit«

Für das Totengebet sollte weniger der Osterjubel als vielmehr die Auferstehungsbotschaft im Blickpunkt stehen. Hierfür eignen sich:

GL 220, Strophe 2: Verklärt ist alles Leid der Welt, des Todes Dunkel ist erhellt
Strophe 3: Wir sind getauft auf Christi Tod und auferweckt mit ihm zu Gott
Strophe 4: Wir schauen auf zu Jesus Christ, zu ihm, der unsre Hoffnung ist

GL 226, Strophe 2: Die Morgenröte war noch nicht mit ihrem Licht vorhanden
Strophe 4: Ich will von Sünden auferstehn, wie du vom Grab aufstehest

Zur Rubrik »Pfingsten«

GL 248, Strophe 2: Du heller Schein, du lebendig Licht
Strophe 3: Du stille Macht, du verborgne Kraft
Strophe 4: Du mächtger Hauch, unerschaffne Glut

GL 250: Komm, o Tröster, Heilger Geist

Zur Rubrik »Vertrauen und Bitte«

GL 290: Gott wohnt in einem Lichte

GL 291, besonders Strophe 3: Denn dies hat Gott uns zugesagt

GL 293, Strophe 2: Dein Ohr in Huld mir neige, schick eilends Hilfe her

GL 294, Strophe 3: Was Gott tut, das ist wohlgetan; er ist mein Licht und Leben

Strophe 4: Was Gott tut, das ist wohlgetan; dabei will ich verbleiben

GL 298: Herr, unser Herr, wie bist du zugegen und wie unsagbar nah bei uns

Ausgewählte Literatur

LITURGISCHE BÜCHER

Die kirchliche Begräbnisfeier in den katholischen Bistümern des deutschen Sprachgebietes. Hg. im Auftrag der Bischofskonferenzen Deutschlands, Österreichs und der Schweiz und des Bischofs von Luxemburg, Einsiedeln u.a. 1973.

Gotteslob. Katholisches Gebet- und Gesangbuch. Hg. von den Bischöfen Deutschlands und Österreichs und der Bistümer Bozen-Brixen und Lüttich, Stuttgart ^{3}1996.

Messlektionar. Für die Bistümer des deutschen Sprachgebietes. Band VII. Sakramente und Sakramentalien. Für Verstorbene, Einsiedeln u.a. 1986.

Wort-Gottes-Feier. Werkbuch für die Sonn- und Festtage. Hg. von den Liturgischen Instituten Deutschlands und Österreichs im Auftrag der Deutschen Bischofskonferenz, der Österreichischen Bischofskonferenz und des Erzbischofs von Luxemburg, Trier 2004.

Unsere Sorge um die Toten und die Hinterbliebenen. Bestattungskultur und Begleitung von Trauernden aus christlicher Sicht. Erklärung der Deutschen Bischofskonferenz vom 22. November 1994 (Die deutschen Bischöfe 53), Bonn 1994.

Zum gemeinsamen Dienst berufen. Die Leitung gottesdienstlicher Feiern – Rahmenordnung für die Zusammenarbeit von Priestern, Diakonen und Laien im Bereich der Liturgie. Hg. von der Deutschen Bischofskonferenz (Die deutschen Bischöfe 62), Bonn 1999.

GESTALTUNGSHILFEN FÜR DIE LITURGIE

Bärsch, J., Gottesdienste zum Totengedächtnis. Bedeutung – Anlässe – Formen, Kevelaer 2001.

Berger, R., Ihr seid mit Christus auferweckt. Gestaltungselemente für Trauerfeiern, München 2000.

Kowalski, B. (Hg.), Unsere Trauer verwandelst du in Freude. Hilfen für Totengebet und Begräbnisfeiern (Feiern mit der Bibel 3), Stuttgart 1996.

Kurz, P. K. (Hg.), Höre Gott! Psalmen des 20. Jahrhunderts, Zürich u.a. 1997.

Liturgische Kommission im Erzbistum Bamberg. Referat Liturgische Bildung im Erzbischöflichen Ordinariat (Hg.), Gottes-Dienst – Menschen-Antwort. Anregungen zum liturgischen Feiern. Nr. 2: Der Christus-Rosenkranz bei der Ewigen Anbetung, Bamberg 1997.

Merz-Abt, Th./Stutz, P., Gottesdienst feiern mit Trauernden. Anregungen zur Auseinandersetzung mit Sterben, Tod und Auferstehung und Gottesdienstmodelle, Luzern u.a. 1992.

Naegeli, S., Du hast mein Dunkel geteilt. Gebete an unerträglichen Tagen, Freiburg ^{14}1995.

Probst, M./Richter, K., Zeichen der Hoffnung in Tod und Trauer. Ein Werkbuch zur Sterbe- und Totenliturgie, Freiburg u.a. 1980.

Rosenthal, G., Das Totengebet in der Gemeinde. Fünf Andachten für die Zeit zwischen Tod und Begräbnis, Regensburg 1984.

Stiren, J., Ist einer unter uns gestorben. Texte für das Totengebet, Trier 1995.

Tausch-Flammer, D./Bickel, L. (Hg.), Wenn ein Mensch gestorben ist – wie gehen wir mit dem Toten um? Anregungen und Hilfen, Freiburg u.a. 1996.

BEMERKUNGEN / NOTIZEN

BEMERKUNGEN / NOTIZEN

BEMERKUNGEN / NOTIZEN

BEMERKUNGEN / NOTIZEN

BEMERKUNGEN / NOTIZEN